BEI GRIN MACHT SICH IHR WISSEN BEZAHLT

- Wir veröffentlichen Ihre Hausarbeit,
  Bachelor- und Masterarbeit

- Ihr eigenes eBook und Buch -
  weltweit in allen wichtigen Shops

- Verdienen Sie an jedem Verkauf

Jetzt bei www.GRIN.com hochladen und kostenlos publizieren

Bibliografische Information der Deutschen Nationalbibliothek:

Die Deutsche Bibliothek verzeichnet diese Publikation in der Deutschen National-
bibliografie; detaillierte bibliografische Daten sind im Internet über http://dnb.d-
nb.de/ abrufbar.

Impressum:

Copyright © 2016 GRIN Verlag, Open Publishing GmbH
Druck und Bindung: Books on Demand GmbH, Norderstedt Germany
ISBN: 9783668311862

Dieses Buch bei GRIN:

http://www.grin.com/de/e-book/341191/personalmarketing-social-media-und-
berufsorientierung-bei-der-bundeswehr-verwaltung

Steffen Domschke

Personalmarketing, Social Media und Berufsorientierung bei der Bundeswehr(-verwaltung)

GRIN Verlag

Master Thesis

im Studiengang

Public Administration

vorgelegt von

Steffen Domschke

Würzburg, 12.04.2016

Inhaltsverzeichnis

Anlagen:

Abbildungsverzeichnis

1. Einleitung

Bereits im Jahr 2011 äußerte sich der Rat der Sachverständigen zur Begutachtung der gesamtwirtschaftlichen Entwicklung[1] zu den Herausforderungen der demografischen Entwicklung. Zu der von ihm wichtigsten angesprochenen Entwicklung auf diesem Gebiet zählen die Umkehr vom Bevölkerungswachstum zum –rückgang, sowie die grundlegende Alterung der Bevölkerung.[2] „Der demografische Wandel dürfte in Deutschland in den kommenden Jahren eine Alterung und einen Rückgang der Erwerbsbevölkerung mit Folgen für den Arbeitsmarkt auslösen."[3] Die Gründe liegen in der steigenden Lebenserwartung einerseits und einer immer noch konstant niedrigen Geburtenziffer andererseits.[4] Auch die Anzahl der Berufseinsteiger im Alter zwischen 16 und 30 Jahren wird somit rückläufig und demzufolge im Anteil der Erwerbsbevölkerung immer weniger präsent sein (vgl. Abbildung 1). Die hier gewählte Altersgruppe bezieht sich auf die erste mögliche Berufsausbildung mit 16 Jahren und dem Einstieg nach dem bestandenen zweiten Staatsexamen mit 30 Jahren.[5]

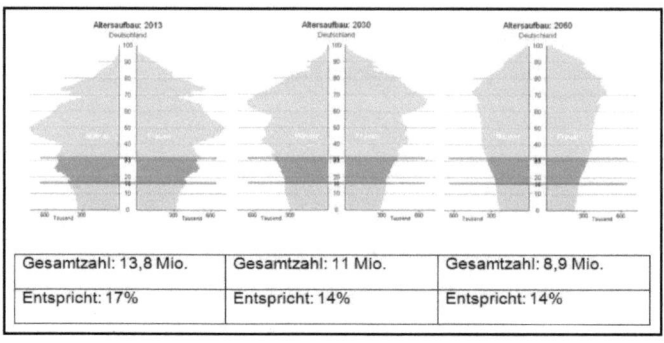

Abbildung 1 - Altersstrukturentwicklung Deutschlands bis 2060[6]

---

[1] Siehe http://www.sachverstaendigenrat-wirtschaft.de/index.html.
[2] Vgl. Stein; von der Oelsnitz, S. 209.
[3] Vgl. Expertise des Sachverständigenrates 2011, S. 72f.
[4] Seit 1974 konstant bei einem Wert um 1,5 Kinder/Frau.
[5] Durchschnittsalter der Referendare 29 Jahre 2Monate, Quelle: Portal der Rechtsreferendare.
[6] Die Abbildung wurde unter Zuhilfenahme einer animierten Bevölkerungspyramide des DESTATIS erstellt. Die Gruppe der 16- bis 30-jährigen ist farblich grün markiert.

Die Größe dieser Adressaten wird dem animierten Szenario[7] folgend von 13,8 Mio. im Jahre 2013 auf 11 Mio. im Jahre 2030 zurückgehen und im Jahre 2060 nur noch 8,9 Mio. Personen umfassen. Prozentual gesprochen bedeutet dies einen Rückgang von derzeit 17% auf 14%. Wie wichtig hierbei die Anstrengung im Kampf um hochqualifiziertes Personal ist, zeigt u.a. der Weltwirtschaftsrang Deutschlands[8]. Die hohe Exportquote[9] basiert weitestgehend auf modernen Technologien. Soll dieser Wachstumsfaktor nicht abhandenkommen, muss auch zukünftig in Fachpersonal investiert werden. Handlungsalternativen, wie etwa Massenproduktion, sind wenig erfolgversprechend, da Deutschland im weltweiten Vergleich noch immer zu den Ländern mit überdurchschnittlichen hohen Löhnen zählt, trotz der konjunkturell eher rückläufigen Entwicklung des Lohnniveaus.[10] Diese Entwicklungen veranschaulichen, vor welchen Anforderungen die Personalbeschaffung steht. Um sich im Personalmarkt mit schwindenden Fachkräften als Folge des demografischen Wandels behaupten zu können, muss verstärkt auf gezielte Maßnahmen des Personalmarketings gesetzt werden. Diese werden an der gewünschten Zielgruppe ausgerichtet und immer häufiger in einen taktischen Gesamtplan, welcher eine möglichst ganzheitliche „Arbeitgebermarke[11]" als Ergebnis hervorbringen soll, integriert.[12]

Durch Personalmarketingmaßnahmen kann bei Teilen der oben beschriebenen Bevölkerungsgruppe, welche sich auf ihre beruflichen Möglichkeiten im Anschluss an einen Schul- oder Studienabschluss vorbereiten, bereits frühzeitig qualifiziertes Personal erkannt und im besten Falle gebunden werden. Die Zahl der Schulabsolventen wird sich bis 2025 um etwa 23% vermindern (vgl. Abbildung 2). Aus diesem Grund rückt diese Gruppe in das Blickfeld der Unternehmen, um möglichst rechtzeitig Verbindungen aufbauen und sich so im sog. „War of Talents"[13] durchsetzen zu können.

---

[7] Geburtenhäufigkeit bei 1,4 Kindern je Frau; Lebenserwartung Neugeborene im Jahr 2060: 85,0 Jahre (Jungen) und 89,2 Jahre (Mädchen) [vgl. DESTATIS 2013].
[8] Derzeit auf dem 4. Rang weltweit und auf dem 1. Rang innerhalb Europas, Quelle IWF 2013.
[9] Derzeit 41,5% im Jahr 2012, zum Vergleich 29,2 % im Jahr 2000.
[10] Vgl. Schuhmacher/ Geschwill, S. 5.
[11] sog. Employer Brand.
[12] Vgl. Beck, S. 49f.
[13] Vgl. Keller, S. 272.

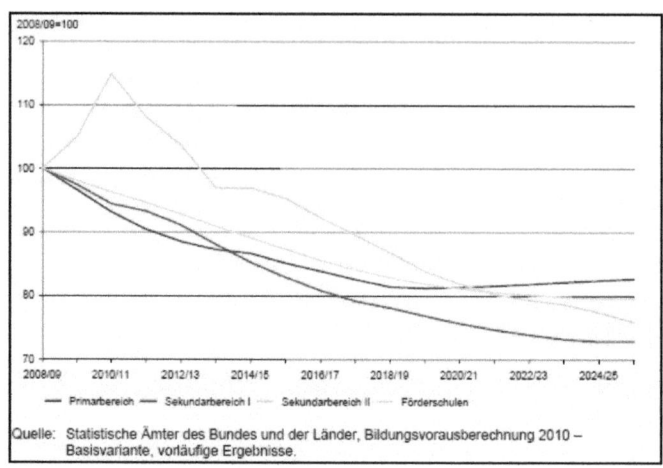

Abbildung 2 - Schülerinnen und Schüler an allgemeinbildenden Schulen in den Flächenländern
West 2008/09 bis 2025/26 nach Bildungsbereichen

Bei der Zielgruppe bleibt dagegen oft das Gefühl des Alleinseins hinsichtlich ihrer beruflichen Orientierung, da ihnen die vorhandenen Beratungsangebote meist nicht weiterhelfen.[14] Ein weiterer Anlass, warum Schüler[15] die Berufs- oder Studienwahl als so schwierig empfinden[16], ist ein immer umfangreicher werdendes Angebot an Ausbildungsberufen[17] und Studienmöglichkeiten[18]. Für die Personalmarketingabteilung eines Unternehmens stellt sich in diesem Zusammenhang die Herausforderung, wie dieser oftmals schwankenden Gruppe begegnet werden kann. Der Zugang über das Internet kann an dieser Stelle hilfreich sein, da die Altersgruppe dort viel Zeit verbringt. Die Nutzungsfrequenz des Internets zeigt dessen hohe Alltagsrelevanz: 68% der 12- bis 19-Jährigen sind täglich im Internet unterwegs, 91% mindestens mehrmals pro Woche[19]. Diese Zielgruppe ist besonders vertraut mit dem Internet und den Plattformen, die durch den sog. nutzergenerierten Inhalt[20] (auch UGC) gekennzeichnet sind. Somit

---

[14] Vgl. Diehl, S. 1.
[15] Wird vorliegend von Schülern oder Bewerbern gesprochen, ist auch immer die weibliche Form mit eingeschlossen.
[16] Vgl. Vollmers, S. 1.
[17] Mit Stand 01.08.2012 gibt es derzeit 344 anerkannte Ausbildungsberufe (Quelle: Bundesinstitut für Berufsbildung).
[18] Mit Stand Sommersemester 2013 gibt es derzeit 5.955 Studiengänge (Quelle: Studiengang-Verzeichnis).
[19] Vgl. Basisstudie zum Medienumgang 12- bis 19-Jähriger in Deutschland, S. 30.
[20] Nutzergenerierter Inhalt, auch „user generated content" (UGC) steht für Inhalte, bei denen der User dabei sowohl Nutzer, als auch Gestalter der Inhalte ist.

scheint es für die Nutzer selbstverständlich, die bilaterale Kommunikation im Netz zu pflegen, anstatt nur Informationen abzurufen, durch welche die Internetnutzung früherer Generationen gekennzeichnet ist. Ein Beispiel für derartigen UGC ist sog. Social Media[21]. Da der überwiegende Teil der Schulabsolventen viel Zeit im Internet verbringt, liegt der Schluss nahe, sie auch auf diesen Plattformen „abzuholen". Aus den vorliegenden Informationen über das Nutzungsverhalten der Zielgruppe kann sich für die Personalbeschaffung schlussfolgern lassen, dass von einem reinen Anbieten von Informationen, wie es bisher häufig erfolgte, zu einem Dialog und Austausch mit den möglichen Bewerbern übergegangen werden sollte.

Daneben spüren Unternehmen, sowie auch der öffentliche Dienst, die Schwierigkeiten, eine genügende Anzahl qualifizierter Bewerber anzusprechen. Als Grund hierfür kann auch die ungleiche Wettbewerbssituation von Unternehmen benannt werden, welche z.B. im Vergleich zum Finanzsektor, deren überdurchschnittliche Attraktivität als vorausgesetzt gegeben scheint (vgl. Abbildung 3), nicht die finanziellen Möglichkeiten bietet, die dort offeriert werden. Da zudem im Finanzsektor fast in jedem Arbeitsbereich auch Arbeitnehmer gesucht und eingestellt werden, führt dies zur einer künstlichen Verknappung dieser in anderen Bereichen.

---

[21] Social Media dient dem Zweck der Kommunikation und bezieht sich vorrangig auf den „user generated content" [vgl. Alby (2008), S. 89ff.].

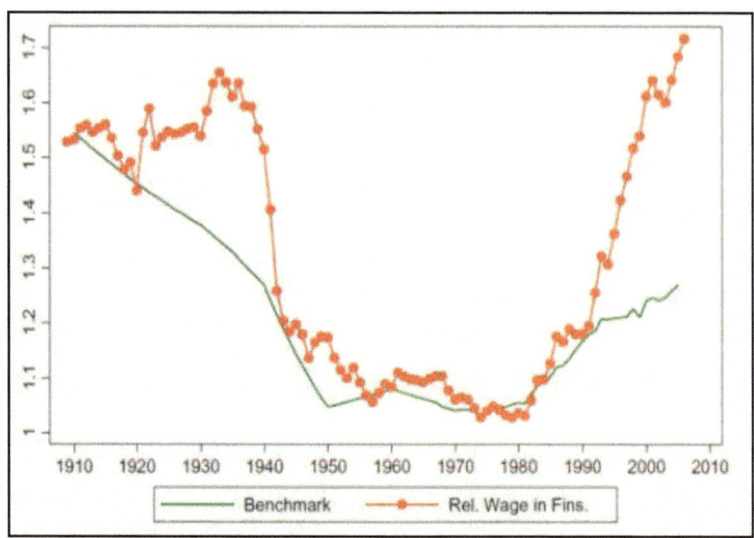

Abbildung 3 – Löhne in der Finanzindustrie im Vergleich zur Industrie 1910-2010[22]

Zusammenfassend ist festzuhalten, dass es durchaus unterschiedliche Gründe für die Einschränkung an qualifizierten Arbeitskräften gibt.

Grundlegend ist der Bedarf an qualifiziertem Fachpersonal gestiegen. Weiterführende Einflüsse, insbesondere der angesprochene demografische Wandel, werden sich bemerkbar machen, wenn auch erst in 10 bis 20 Jahren.

Auch wenn die Kosten für die Personalrekrutierung über Medien wie das Internet kaum vorhersagbar sind und so für die Mitarbeiter im Bereich des Personalmanagement durchaus abschreckend wirken können, bleibt den Unternehmen und auch dem öffentlichen Dienst durchaus Zeit, um sich darauf vorzubereiten.

---

[22] Vgl. Hermann, S. 15.

1.1 Aufbau und Zielsetzung der Arbeit

Die vorliegende Arbeit beschäftigt sich mit den Themen Personalmarketing, Social Media und Berufsorientierung, sowie einer Aufarbeitung der Zusammenhänge dieser Themen. Als Handlungsfeld wurde in diesem Fall die Bundeswehr(-verwaltung) ausgewählt, da der Autor im besagten Bereich tätig ist und hier das Personalmarketing vielschichtig betrieben werden muss, um den verschiedenen Laufbahnen innerhalb der Bundeswehr(-verwaltung) gerecht zu werden. Zum anderen erscheint die Herausforderung im Bereich des Personalmarketing interessant, welche sich durch die Neustrukturierung der Bundeswehr und der damit verbundenen Wehrpflichtaussetzung ergeben. Da der militärische Bereich des Personalmarketing in der Bundeswehr gegenüber dem zivilen bzw. verwaltungsseitigen Bereich länger existent ist[23], wird im vorliegenden Fall die Berufsorientierung in der Zielgruppe junger Erwachsener, welche potentielle Bewerber für die militärische Laufbahn der Bundeswehr sein könnten, abgebildet.

Ausgehend davon wird die nachfolgende Forschungsfrage überprüft werden:

Wie nutzen potentielle Bewerber für die militärische Laufbahn der Bundeswehr die Möglichkeiten von Social Media im Internet für die eigene Berufsorientierung und welche Gestaltungsmöglichkeiten ergeben sich hieraus im Bereich des Personalmarketings im Allgemeinen und dem der Bundeswehr im Speziellen?

Die Arbeit gibt anfänglich einen Überblick über die theoretischen Hintergründe in den Themenbereichen Personalmarketing, Social Media und der Berufsorientierung. Die gewählte Reihenfolge erschließt sich durch die zugrunde liegende Forschungsfrage. Der Bereich des Personalmarketings dient hier als thematischer Bezugsrahmen. Da in der vorliegenden Arbeit gesondert Personalmarketingmaßnahmen im Bereich Social Media behandelt werden, findet anfänglich eine thematische Begrenzung statt, um anschließend die Thematik der Berufsorientierung der Zielgruppe junger Erwachsener in den Mittelpunkt der Arbeit zu stellen. Hierbei werden Schnittpunkte aufgezeigt, indem die Chancen

---

[23] Die Wehrdienstberatung an Schulen existiert seit 1970.

von Personalmarketing im Wirkungsfeld von Social Media betrachtet werden. Um die Verbindung der Themenbereiche weiter zu veranschaulichen, wird beispielhaft das Personalmarketing der Bundeswehr dargestellt.

Dieses ist so gestaltet, dass unterschiedliche Medien (z.B. Fernsehen, Film, Internet) übergreifend bearbeitet werden[24], mit welchen sich die Zielgruppe auseinandersetzen kann. Das nachfolgende Kapitel beschäftigt sich mit den Möglichkeiten und Schranken des Personalmarketings in dem beschriebenen Bereich. Es werden Anwendungsmöglichkeiten und bekannte Social Media Plattformen und Social Media Instrumente skizziert.

Ziel des Kapitels soll es sein, Möglichkeiten darzustellen, welche einen zielorientierten Einsatz von Social Media Instrumenten begleiten.

Der empirische Teil der Arbeit stützt sich auf einen konzipierten Fragebogen, welcher unter Abstimmung des Personalreferates des Bundesministeriums der Verteidigung mit der Leitung des Karrierecenters München entworfen wurde und dazu beitragen soll, die Zusammenhänge zwischen dem Verhalten der Bewerber auf Social Media Plattformen und den Möglichkeiten zukünftiger Personalgewinnung herzustellen. Dieser wird unter Betrachtung der bereits genannten theoretischen These mit Hilfe aufzustellender Hypothesen ausgewertet und hilft sodann, aus den Schlussfolgerungen des theoretischen und empirischen Teils Handlungsempfehlungen für das Personalmarketing im Allgemeinen bzw. für das im Bereich der Bundeswehr im Speziellen zusammen zu stellen und zu versuchen, Beispiele für zukünftige Entwicklungen und Handlungsalternativen aufzuzeigen.

Die Schlussbetrachtung beendet die Arbeit mit einer Zusammenfassung und dem Fazit der Überlegungen.

---

[24] crossmedial

2. Personalmarketing

Wie bereits eingangs dargestellt, erfolgt in diesem Kapitel die theoretische Auseinandersetzung mit dem Hauptthema dieser Arbeit, dem Personalmarketing. Dabei wird zunächst eine Begriffsdefinition mit historischen Entwicklungen gegeben. Im Anschluss daran werden internes und externes Personalmarketing unterschieden, sowie auf ein Aktionsfeld der Personalforschung, das Employer Branding, eingegangen. Dieses wird, auch im Zusammenhang mit dem aktuellen Arbeitgeber des Autors, näher betrachtet.

2.1. Definition

Da sich die Wissenschaft bereits seit einigen Jahrzehnten mit dem Begriff Personalmarketing auseinandersetzt, ändern sich auch die Auffassungen diverser Autoren über Sinn und Zweck, sowie Eingrenzung des Personalmarketings. Hierbei dehnen sich Auffassungsspektren von der Implementierung des Personalmarketings als Teil einer Unternehmensstrategie, bis hin zur grundlegenden Ablehnung des Begriffs. Dabei ist festzustellen, dass das Personalmarketing einem kontinuierlichen Wandel unterlag.[25]

Der Ausdruck Personalmarketing wurde Mitte der 1960er Jahre durch Maximilian Schubart in die akademische Diskussion eingebracht[26]. Zu jener Zeit wurde aus wissenschaftlicher Sicht der Grundgedanke des Marketings auf diverse Tätigkeiten im Unternehmen übertragen. Dies geschah dem Wunsch folgend, die Unternehmensführung seitens der Personalabteilungen aktiver mitgestalten zu können.

Zu diesem Zeitpunkt war jedoch das Interesse der Unternehmen an neuen, wissenschaftlichen Ansätzen, bedingt durch die Knappheit der Arbeitskräfte nach dem Krieg, eher gering. Man beschränkte sich in den Unternehmen meist auf die Akquisition neuer Mitarbeiter. Zu Beginn der 1970er Jahre befasste sich das Personalmarketing vorrangig mit formalen Aspekten, wie dem „richtigen" Inserieren von Stellenanzeigen. Im weitesten Sinne kann dies mit Personalwerbung gleichgesetzt werden. Erst die sich in den 1980er Jahren verschlechternde Situation auf dem Arbeitsmarkt und der Weiterentwicklung des

---

[25] Vgl. Beck, S. 9f.
[26] Vgl. Nencheva, S. 5

Personalwesens in Richtung Personalmanagement führten zu einer Wiederbelebung des Personalmarketings.[27] Als Grund hierfür wird der Wertewandel der Mitarbeiter durch den gestiegenen Lebensstandard, der einsetzende demografischen Entwicklung[28], sowie der neuen Stellenbeschreibungen moderner Arbeitsplätze gesehen.

Diese Einflüsse führten dazu, dass Unternehmen auf dem Arbeitsmarkt nicht mehr genügend Fachkräfte zur Verfügung standen. Da der Bedarf an Personalmarketing grundsätzlich durch die Beziehung von Angebot und Nachfrage im Verhältnis zu vorhandenen Arbeitsplätzen bestimmt wird[29], bedeutet dies, je weniger qualifiziertes Personal auf dem Arbeitsmarkt zur Verfügung steht, desto wichtiger ist ein gutes Personalmarketing. Auf Grundlage der heutigen demografischen Entwicklung ist damit dieser Aspekt auch aktuell von hoher Relevanz. In der heutigen Zeit wird Personalmarketing als eine umfassende Denk- und Handlungskonzeption verstanden, welche vor allem die Bedürfnisse vorhandener und auch potenzieller Mitarbeiter in den Vordergrund stellt. Es geht heutzutage um die Möglichkeiten, attraktive und effiziente Arbeitsbedingungen zu schaffen und diese nach innen und außen zu kommunizieren.[30]

Externes und internes Personalmarketing

Das externe Personalmarketing verfolgt das Ziel, ein Unternehmen in den relevanten Personalmärkten positiv zu positionieren und zu profilieren, das heißt über das Unternehmen zu informieren, potenzielle Mitarbeiter auf das Unternehmen hinzuweisen und sie so möglicherweise für eine Mitarbeit zu interessieren. All dies geschieht wiederum mit dem Ziel, die geeignetsten Mitarbeiter auszuwählen und einzustellen. [31]

Die Übergänge zur Personalbeschaffung[32] sind dementsprechend fließend. Grundlage für ein gelungenes externes Personalmarketing sind hierbei z.B. die zielgruppenspezifische Ansprache der potentiellen Bewerber, ein die Zielgruppe ansprechendes Image der Organisation bzw. des Arbeitsplatzes (vgl. Kapitel 2.2 –

---

[27] Vgl. Wunderer, (1995), S. 344f.
[28] Sog. „Pillenknick".
[29] Vgl. Moser, S. 5f.
[30] Vgl. Wunderer, (1999), S.128.
[31] Vgl. Springer, S. 38.
[32] Ist Teil der Personalwirtschaft und befasst sich mit der Deckung eines zuvor definierten Personalbedarfs.

Employer Branding), die positive Vermittlung eines ersten Eindrucks, sowie eine angemessene Gestaltung des Arbeitsplatzes mit einer ausgewogenen Organisationskultur und einem angenehmen Betriebsklima.[33] Da all diese Faktoren potentielle Mitarbeiter nachhaltig beeinflussen können, ist es die Aufgabe des externen Personalmarketings, das Unternehmen nach außen zu profilieren. Daneben sollte der Arbeitgeber versuchen, im Hinblick auf den steten Personalbedarf des Unternehmens, schon allein auf Grund natürlicher Fluktuation, den kurz- oder langfristigen Bedarf an qualifiziertem Personal zu decken.

Wie auch beim internen orientiert sich das externe Personalmarketing bei der Auswahl der Maßnahmen an verschiedenen Faktoren, wie der Qualität und Quantität des Kontakts zwischen künftigen Mitarbeiter und dem Unternehmen. Sowohl das externe, als auch das interne Personalmarketing umfasst vier Phasen[34], welche im Folgenden dargelegt werden sollen (vgl. Abbildung 4).

Im Rahmen der Schaffung von Möglichkeiten zur Kontaktaufnahme sucht das Unternehmen nach Wegen, Aufmerksamkeit bei den relevanten Zielgruppen, ohne direkten Kontakt aufzunehmen, zu erregen. Dies kann durch Präsentationen an Schulen, durch Anzeigen oder einem Auftritt auf Social Media Plattformen erfolgen. In dieser ersten Phase wird versucht, die Kernkompetenzen und positiven Besonderheiten des Unternehmens herauszustellen, um mit dieser Präsenz nachhaltig Eindruck bei der Zielgruppe zu erzielen.[35]

Zeigt sich diese Kontaktanbahnung als erfolgreich, setzt die zweite Phase des externen Personalmarketings ein, die Kontaktaufnahme.

Diese Kontaktaufnahme erfolgt zumeist auf Initiative des Unternehmens; erfolgte jedoch bereits eine gelungene Kontaktanbahnung, so kann die Kontaktaufnahme, z.B. auf Messen durchaus auch seitens der Bewerber erfolgen.[36] Die dadurch entstandene Möglichkeit der Kontaktaufnahme bedeutet jedoch nicht, dass es zwingend zu einer Bewerbung, respektive Einstellung kommt.

Die sich daran aufbauende Phase der Kontaktverdichtung ist auf die Intensivierung der entstandenen Kontakte oder auch das weitere wechselseitige Kennenlernen mit Hilfe geeignete Maßnahmen, wie z.B. Praktika, ausgerichtet.

---

[33] Vgl. Springer, S. 39.
[34] Vgl. Hagen, A., S. 32.
[35] Vgl. Felser, S. 13ff.
[36] Nach eigenen Erlebnissen auf Messeständen der Bundeswehr ist das Verhältnis der Kontaktaufnahme bei ca. 50:50.

Schlussendlich wird in der vierten Phase, der Kontaktpflege, die vorhandene Bindung zu ausgewählten potentiellen Bewerbern, z.b. durch Einladungen zu weiterführenden Gesprächen ausgebaut.

Internes Personalmarketing

Internes Personalmarketing richtet sich an die derzeitigen Mitarbeiter eines Unternehmens oder einer Verwaltung. Hierbei liegt das Hauptaugenmerk einerseits auf den Motiven bzw. Erwartungen der Mitarbeiter und andererseits auf taktisch wichtigen Individuen, welche den künftigen Erfolg besonders beeinflussen können.[37]

Mit dem Ziel, den Zusammenhalt der Mitarbeiter zu erhalten und, wenn möglich, dauerhaft zu steigern oder Defizite in Leistung und Loyalität abzuwenden, kann das interne Personalmarketing zielgruppengerechte Schritte der Mitarbeiterbindung nutzen.[38]

Hierbei sind die Ausgestaltungsmöglichkeiten vielfältig. Es kommen Instrumente wie Anreizsysteme, Aufstiegsmöglichkeiten oder Maßnahmen zur Optimierung des Betriebsklimas zum Einsatz, um die Attraktivität des Arbeitgebers zu erhöhen und damit die Mitarbeiter möglichst lange und zufrieden an den Arbeitgeber zu binden. Die Wahl der Instrumente wird von mehreren Faktoren beeinflusst, wie z.B. der Mitarbeiterstruktur einerseits (Alter, Bildungsniveau, Familienverhältnisse, durchschnittliche Verweildauer) und den Mitarbeiterbedürfnissen andererseits. Die Menge an Maßnahmen orientiert sich hierbei sowohl an der individuellen Situation des jeweiligen Arbeitnehmers als auch an der Phase der Unternehmenszugehörigkeit[39].

---

[37] Vgl. DGFP e.V., S. 32f.
[38] Vgl. Felser, S. 14f.
[39] Hierzu zählen u.a. neben dem Vergütungsrahmen auch der Führungsstil der Vorgesetzten, Work-Life-Balance oder Altersvorsorge

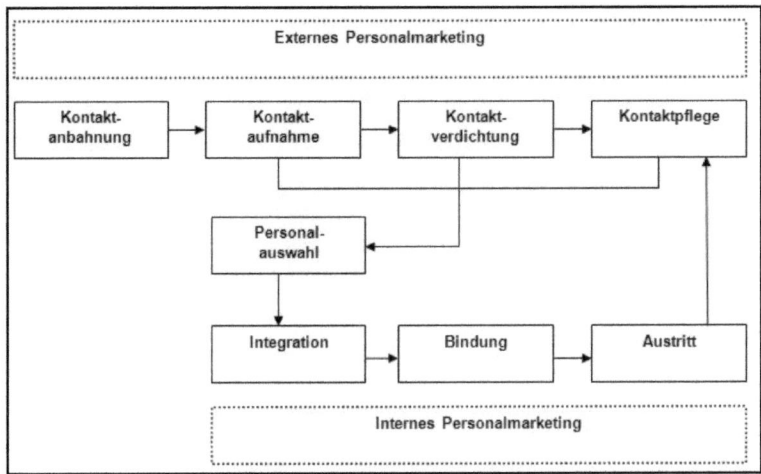

Abbildung 4 - Personalmarketingzyklus[40]

Wie am Schaubild zu erkennen, liegt der Berührungspunkt zwischen dem internen und externen Personalmarketing in der eigentlichen Personalauswahl. Wenn es in der Situation der Personalauswahl also gelingt, die Erwartungen des Unternehmens und die des künftigen Mitarbeiters zusammen zu bringen, kann an dieser Schnittstelle ein Arbeitsverhältnis entstehen.

Sollte der zukünftige Mitarbeiter jedoch eine Absage erteilen oder bekommen, kann man in der Abbildung erkennen, dass er dann wieder im Bereich des externen Personalmarketings dargestellt wird. Die Aufgabe in der Phase der Integration liegt darin, den Mitarbeiter sowohl fachlich als auch sachlich in die neue Aufgabenstruktur einzuarbeiten und ihn, auch zur Stärkung des Betriebsklimas, im Kreise der Kollegen zu integrieren.

Als Maßnahmen der Mitarbeiterbindung können Mentoren- und Moderatorenprogramme eingesetzt werden. Die übrigen Aktivitäten des internen Personalmarketings spiegeln sich in der Phase der Mitarbeiterbindung wider. Diese zielt nicht nur darauf ab, den Mitarbeiter an das Unternehmen zu binden, sondern auch langfristig loyal und zufriedenstellend für beide Seiten ein Vertrauensverhältnis, zum Erreichen einer möglichst hohe Produktivität zu schaffen. Möglichkeiten dieser Phase reichen von einer klaren Aufgabenstruktur, über einen adäquaten Führungsstil bis hin zu Sozialleistungen.

---

[40] Eigene Darstellung in Anlehnung an Hagen, A.: Personalmarketing 2011, S.32.

Aus der heutigen Sicht lassen sich die Phasen des internen und externen Personalmarketings wesentlich schwieriger voneinander trennen, da sich beide Bereiche in einem ständigen Austausch von Informationen befinden. Daraus folgt, dass eine erweiterte ganzheitliche Auslegung des Begriffs des Personalmarketings[41] erfolgen sollte, aus deren Quintessenz festzuhalten bleibt, dass es von entscheidender Bedeutung ist, wie effektiv sich der Arbeitgeber nach innen und außen darstellt.[42]

2.2. Employer Branding bei der Bundeswehr

Die Ziele des Personalmarketings können aus verschiedenen Blickwinkeln betrachtet werden. Auf der Seite der Arbeitgeber geht es vorrangig darum, die Bekanntheit und Attraktivität zu erhöhen. Bezogen auf die Mitarbeiter ist es das Ziel, den aktuellen Personalbestand zu sichern und neue Arbeitskräfte anzuwerben. Nachfolgend soll auf den Blickwinkel des Arbeitgebers, Bezug nehmend auf das sog. Employer Branding[43], eingegangen werden.

Wie jede Organisation steht auch die Bundeswehr immer wieder vor der Aufgabe, ihre Personalstruktur zu regenerieren. Im Weißbuch 2006 zur Sicherheitspolitik Deutschlands und zur Zukunft der Bundeswehr heißt es hierzu: „Gut ausgebildete, gleichermaßen leistungsfähige wie leistungswillige Soldatinnen und Soldaten sowie zivile Mitarbeiter sind Grundvoraussetzung für die Einsatzbereitschaft der Bundeswehr. Die Bundeswehr ist einer der größten Arbeitgeber in Deutschland. Sie bietet jedes Jahr über 20.000 jungen Frauen und Männern attraktive Arbeitsplätze als Soldatin und Soldat oder in einem zivilen Beschäftigungsverhältnis."[44]

Bisher konnten die Streitkräfte ihren Personalbedarf unter qualitativen wie auch quantitativen Gesichtspunkten weitgehend decken und frei werdende Dienstposten mit geeignetem Personal besetzen.[45] In Anbetracht der sich abzeichnenden Entwicklungen[46] in Militär und Gesellschaft muss man allerdings davon ausgehen, dass sich die Situation in den kommenden Jahren verschärfen wird. Die

---

[41] Vgl. Kirchgeorg, S. 65.
[42] Vgl. Kirchgeorg, S. 65.
[43] Engl. für Arbeitgebermarkenbildung.
[44] Vgl. Weißbuch des Bundesministeriums der Verteidigung 2006, S. 144f.
[45] Vgl. Weißbuch des Bundesministeriums der Verteidigung 2007, S. 13–29.
[46] Hinsichtlich der genannten Altersstruktur und finanziellen Einsparungen

größten Herausforderungen ergeben sich dabei organisations-intern aus den steigenden Anforderungen an das Personal in einer sich transformierenden Bundeswehr im Einsatz und organisations-extern aus den Folgen des demografischen Wandels in der Bundesrepublik Deutschland, sowie der Aussetzung der Wehrpflicht.

„Seit Anfang der 1990er-Jahre haben sich die sicherheitspolitischen, gesellschaftlichen, wirtschaftlichen und technologischen Rahmenbedingungen für die Bundeswehr grundlegend verändert. Ein Ende dieses Wandels ist, von den aktuellen Reformanstrengungen des Bundesministers der Verteidigung ausgehend, nicht in Sicht. Eher scheint das Gegenteil der Fall zu sein: Dynamik und Komplexität der Veränderungen nehmen weiter zu. Mit singulären Reformen kann die Bundeswehr diesen Veränderungen nicht mehr gerecht werden. Sie muss sich als Organisation vielmehr kontinuierlich und vorausschauend an die veränderten Rahmenbedingungen anpassen, um auch unter schwer vorhersehbaren Zukunftsbedingungen ihren Beitrag zur Sicherheit Deutschlands leisten zu können. Der eingeleitete Prozess der Transformation der Bundeswehr, der alle Bereiche von der Ausrüstung und Bewaffnung über die Aufgaben und Einsätze der Streitkräfte bis hin zur Personalstruktur umfasst, dient diesem Ziel.[47]" Diese Anstrengungen haben maßgebliche Auswirkungen auf das Personalmarketing der Bundeswehr.

„Die Transformation bringt ganz besondere Herausforderungen für die Mitarbeiter der Bundeswehr(-verwaltung) mit sich. Viele Entwicklungen, sowohl die neuen Chancen als auch die unvermeidbaren Belastungen des Wandels und die sich daraus ergebenden erheblichen Unsicherheiten, werden von den an einer beruflichen Perspektive bei der Bundeswehr interessierten Jugendlichen, zumindest in Teilen wahrgenommen und bestimmen die Berufswahl mit."[48] Hieraus ergeben sich neue Anforderungen an die Mitarbeiter der Bundeswehr. Nicht nur die zukünftigen Vorgesetzten müssen über besondere Kompetenzen verfügen.

---

[47] Vgl. Forschungsbericht 93, S. 17f.
[48] Vgl. Forschungsbericht 93, S. 16f.

Der ehemalige Bundespräsident Horst Köhler hat in seiner Rede beim Festakt aus Anlass des fünfzigjährigen Bestehens der Führungsakademie der Bundeswehr die besondere Verantwortung betont, die jeder Soldat und jede Soldatin im Auslandseinsatz trägt:

„In Anbetracht der sicherheits- und verteidigungspolitischen Entwicklungen, der technologischen Neuerungen und der militärischen Erfordernisse werden die Anforderungen an die Soldatinnen und Soldaten weiter zunehmen. Daraus ergeben sich folgerichtig auch größere Ansprüche an die Bewerberinnen und Bewerber. Gefragt sind junge Männer und Frauen, die sich über die notwendige geistige und körperliche Eignung hinaus durch ein besonderes Maß an Leistungsbereitschaft und Motivationsfähigkeit, Durchsetzungsfähigkeit und Erfolgswillen, Selbständigkeit und Selbstdisziplin, Demokratieverständnis, Konflikt- und Konsensfähigkeit, Urteilsvermögen und Verantwortungsbewusstsein auszeichnen. Jugendliche mit diesen Qualitäten zu finden wird in Anbetracht der demografischen Entwicklung vermutlich immer komplizierter."[49]

An einem Fallbeispiel in Form von Experteninterviews wird exemplarisch dargestellt, wie ein auf Bundesebene angesiedelter Arbeitgeber Employer Branding betreiben könnte.

---

[49] Rede Bundespräsident Köhler Führungsakademie Hamburg.

2.3 Personalmarketing in der Bundeswehr

Die Bundeswehr als militärischer Arbeitgeber beschäftigt derzeit 196.433 Soldaten[50] in verschiedensten Teilstreitkräften und Laufbahnen. Grundlage einer möglichen Einstellung oder Ausbildung ist seit jeher die Devise „Der richtige Mann am richtigen Platz"[51]. Die Bundeswehr soll trotz der in den Medien vorherrschenden Diskussion weiterhin ein attraktiver Arbeitgeber bleiben, da er auch zukünftig einen hohen Personalbedarf in allen Laufbahnen hat. Die Verringerung des Umfangs auf der einen Seite bedeutet vor allem, dass zukünftig mehr Mitarbeiter eine qualifizierte Ausbildung erhalten müssen, um den auf der anderen Seite gestiegenen Anforderungen an eine kleinere und spezialisierte Verwaltung gewachsen zu sein.

Interessant für die Betrachtung des Employer Branding ist die Bundeswehr (-verwaltung) vor allem deshalb, da sie bereits in der Außendarstellung und Wertevermittlung aktiv ist. Dies geschieht bspw. über die Homepage[52], aber auch über Auftritte bei YouTube oder Facebook, die vor allem junge Menschen ansprechen sollen.

Es ist die Frage zu klären, ob die großflächig medial angelegte Kampagne zur Stärkung der Arbeitgebermarke Bundeswehr, die gewünschten Entwicklungen im Bereich der Personalrekrutierung mit sich bringt. Um sich einen Überblick über die derzeit aktuelle Werbekampagne der Bundeswehr[53] machen zu können, sollen zunächst einige Ziel- und Einflussgrößen dargestellt werden. In der Zielgruppenbeschreibung liegen junge Erwachsene in Deutschland zwischen 18 und 32 Jahren, die für einen freiwilligen Dienst in der Bundeswehr in Frage kommen und potentielle Bewerber darstellen. Das Gesamtbudget, welches 2011 erstmals zur Verfügung gestellt wurde, betrug insgesamt 4,8 Mio. €. Mit diesem Budget soll in verschiedenen Medien durch Anzeigen, Werbespots und Ähnlichem der Arbeitgeber Bundeswehr dem möglichen Bewerber näher gebracht werden.

---

[50] http://www.bundeswehr.de/portal/a/bwde/streitkraefte/grundlagen/staerke/ (Stand 12.04.2013, abgerufen am 07.05.2013).
[51] Losung der Musterung und Einberufung (siehe Streitkräfte Bundeswehr)
[52] Vgl. http://www.bundeswehr-karriere.de/portal/a/bwkarriere
[53] http://www.bundeswehr-karriere.de/portal/a/bwkarriere (Stand: 18.04.2013, abgerufen am 08.05.2013).

Ziel dieser Kampagne ist es, die Arbeitgebermarke Bundeswehr so attraktiv wie möglich darzustellen. Neben den nach außen sichtbaren Anstrengungen der Bundeswehr, werden auch intern Maßnahmen ergriffen, um eine bessere Positionierung am Arbeitgebermarkt zu erreichen. Das Thema Personalgewinnung steht immer wieder im Mittelpunkt diverser Symposien, welche die Personalabteilung des Verteidigungsministeriums zusammen mit dem Sozialwissenschaftlichen Institut der Bundeswehr veranstaltet. Hierbei werden u.a. Fragen behandelt, die folgende Themengebiete umfassen: „Wie ist die Bundeswehr im Wettbewerb zu anderen öffentlichen Arbeitgebern und auf dem Arbeitsmarkt aufgestellt und in welchen Bereichen besteht noch Optimierungspotenzial?"[54] Alle Personalwerber sollen sich mit diesen Fragen beschäftigen. Als Schwerpunktthemen werden beim Symposium Employer Branding und Kommunikationsstrategien behandelt. „Hier werden […] die konzeptionellen Grundlagen, neue wissenschaftliche Ergebnisse und Erfahrungen anderer Arbeitgeber und Konsequenzen für die Mediengestaltung erörtert. Die Symposien der Bundeswehr stehen mittlerweile in der Tradition einer Veranstaltungsreihe, die im Jahre 2010 mit einer Auftakt-Veranstaltung ins Leben gerufen worden ist. In der Zwischenzeit hat das Personalreferat[55] der Bundeswehr einen grundlegenden Wandel durchlaufen – als Ergebnis soll es ein vollkommen neues Aussehen erhalten."[56]

Optisch orientiert an Webseiten von Wirtschaftsunternehmen, präsentiert sich die Bundeswehr als einer der ersten Arbeitgeber auf Bundesebene auch über Social Media.

Abbildung 5 - Startseite BMVg – Hinweise auf Social Media Partner[57]

Wie in der obigen Abbildung 5 ersichtlich ist, verfügt dabei die Startseite der Bundeswehr unter anderem über Verlinkungen zu den AppStores, twitter, flickr, YouTube und RSSFeeds. Daneben führt die Facebook-Seite der Bundeswehr das Ranking der Arbeitgeber im öffentlichen Dienst unangefochten an, mit einer

---

[54] Vgl. BMVg – Neue Wege bei der Personalgewinnung.
[55] Seit 01.07.2013 Bundesamt für Personalmanagement der Bundeswehr, Abteilung II.
[56] Vgl. BMVg – Neue Wege bei der Personalgewinnung
[57] http://www.bundeswehr.de

Fanzahl von 61.884[58] weit vor dem nächstmöglichen Arbeitgeber, welcher nicht der Wirtschaft zuzuordnen ist - der Polizei Niedersachsens mit 7.279 Fans.

Für weiterführende Informationen wurden hierzu der Forschungsbericht 93 des Sozialwissenschaftlichen Instituts der Bundeswehr, sowie zwei Interviews[59] mit den jeweiligen Mitarbeitern an den Schnittstellen der Karriereplanung der Bundeswehr vorgenommen. Bei den Interviewpartnern handelte es sich zum einem um Herrn Hauptmann K., dem Leiter der Redaktion Personal bei der Bundeswehr, also einem Mitarbeiter, welcher „virtuell" hinter den öffentlichen Auftritten der Bundeswehr steht. Zum zweiten mit Herrn Stabfeldwebel Peter B.[60], der als Wehrdienstberater erstes Bindeglied zwischen potentiellen Bewerbern und dem Arbeitgeber Bundeswehr ist. Das erste Interview wurde durch die Fa. Personalmarketing2null durchgeführt, das zweite durch den Verfasser selbst. In beiden Interviews, welche als Anlage aufgeführt sind, wurden grundsätzliche Fragen zur Außendarstellung und Prägung einer möglichst positiven Arbeitgebermarke Bundeswehr gestellt. Im Anschluss wurde untersucht, inwieweit die bis hierher theoretisch getroffenen Aussagen auf die reale Umsetzung und mögliche Personalgewinnung als attraktiver Arbeitgeber zutreffen. Im nächsten Kapitel werden zunächst die Erkenntnisse aus dem Forschungsbericht und im Anschluss daran Feststellungen aus den Interviews gewonnen und analysiert.

2.4 Studien zur Zufriedenheit junger Berufstätiger

Aus den Hintergrundinformationen des Forschungsberichtes 93 des SoWi[61] der Bundeswehr lassen sich folgende Erkenntnisse ableiten:
„Jugendliche Berufstätige stellen eine für die Personalgewinnung der Bundeswehr zunehmend interessanter werdende Zielgruppe dar. Die Bereitschaft dieser „young professionals", die Bundeswehr als Arbeitgeber auszuwählen oder ihren derzeitigen Arbeitgeber zu wechseln, dürfte in entscheidender Weise von ihrer

---

[58] Stand Juli 2012 – abrufbar **(hier)** - Die Anzahl der „Fans" sagt zwar nicht direkt etwas über die Arbeitgeberattraktivität aus, jedoch lässt sich daraus schließen, dass zumindest eine gewissen Anzahl sich für diesen Arbeitgeber interessiert.
[59] siehe Anlage 1.
[60] Die namentliche Nennung der Befragten im Zuge des Interviews durfte nicht erfolgen.
[61] Sozialwissenschaftliches Institut der Bundeswehr – Abruf **(hier)**.

Zufriedenheit mit ihrem gegenwärtigen Arbeitgeber abhängen. Je geringer diese Zufriedenheit ist, desto größer wird die Wechselbereitschaft sein.[62]"

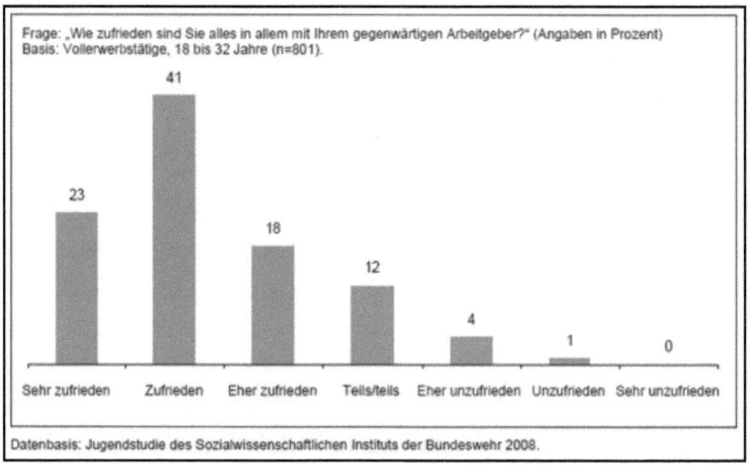

Abbildung 6 – Jugendstudien Forschungsbericht 93 – SoWi Institut[63]

„Die Untersuchungen führen zu einem überraschenden Ergebnis: Die meisten jungen Erwerbstätigen, insgesamt sind es 82 Prozent, sind mir ihrem Arbeitgeber zufrieden (vgl. Abbildung 6). Davon äußern sich 23 Prozent „Sehr zufrieden", 41 Prozent sind „Zufrieden" und weitere 18 Prozent sind „Eher zufrieden".
Nur 5 Prozent sind mehr oder weniger deutlich unzufrieden.
Die Unterschiede zwischen Männern und Frauen, einzelnen Regionen oder Altersgruppen sind nicht signifikant. Unterschiede werden bei den jeweiligen Beschäftigungssektoren deutlich. Beschäftigte im öffentlichen Dienst sind zufriedener (91 Prozent) als Angestellte in der Privatwirtschaft (79 Prozent). Die Zusammenhänge zwischen der Arbeitgeberzufriedenheit und der Wechselbereitschaft ist stärker als vermutet. Von denen, die mit ihrem Arbeitgeber sehr zufrieden sind, denkt fast keiner darüber nach, sich bei einem anderen Arbeitgeber zu bewerben (11 Prozent) oder einen anderen Beruf zu ergreifen (7 Prozent). Bei denen, die nur teilweise zufrieden oder unzufrieden sind, sind diese Anteile etwa acht- bis neunmal so groß (81 bzw. 63 Prozent). Vor

---

[62] Vgl. Forschungsbericht 93, S. 127ff.
[63] Vgl. Forschungsbericht 93, S. 127.

diesem Hintergrund wird verständlich, warum die Wechselbereitschaft unter den jungen Berufstätigen in Deutschland eher gering ausgeprägt ist."[64] Daraus folgt, dass die Bindungswirkung offensichtlich relativ stark zu sein scheint.

2.5 Attraktivität des Arbeitgebers Bundeswehr

Die Bundeswehr steht mit Arbeitgebern aus der Privatwirtschaft und dem öffentlichen Sektor in einem Wettbewerb, um gut gebildete und motivierte Nachwuchskräfte zu gewinnen. Vor dem Hintergrund der demografischen Entwicklung in Deutschland hat sich dieser Wettbewerb in den letzten Jahren spürbar verschärft. Im Folgenden wird dargestellt, wie attraktiv ausgewählte Arbeitgeber für die Jugendlichen sind, wie die Bundeswehr bewertet wird und welche Kriterien die Attraktivität des Arbeitgebers Bundeswehr beeinflussen. „Für die jungen Männer zählen große Industrieunternehmen im Hightech Sektor zu den attraktivsten Arbeitgebern. Die Plätze in der obersten Hälfte der Rangliste werden von Unternehmen aus diesem Bereich belegt (vgl. Abbildung 7) [...]"[65]. Besonders attraktive Arbeitgeber sind Autohersteller wie BMW, Daimler oder Volkswagen. Man kann hier von einem erfolgreichen Imagetransfer von den vielbeworbenen und zumeist imageträchtigen Produkten zu den jeweiligen Unternehmen ausgehen, nach dem Motto „Wer gute Autos baut, ist auch ein guter Arbeitgeber". Als neutraler Kritikpunkt sei hier anzumerken, dass die Produktmarkenbildung in den Augen einiger Unternehmen vielleicht wichtiger wäre als die Arbeitgebermarkenbildung. Es ergibt sich möglicherweise eine grundsätzliche Kritik am Konzept des Employer Brandings, wenn man dies zu Grunde legt.

„Doch ist die hohe Attraktivität nicht nur auf das Image der jeweiligen Produkte zurückzuführen. Bei näherer Betrachtung zeigt sich, dass sich diese Unternehmen auch sehr engagiert und mit innovativen Konzepten um den Nachwuchs bemühen."[66] Das erfolgreiche Praktikantenprogramm von Porsche oder das Personalportal von Volkswagen seien an dieser Stelle als Beispiele genannt[67].

---

[64] Vgl. Forschungsbericht 93, S. 128ff.
[65] Vgl. Forschungsbericht 93, S. 128.
[66] Vgl. Forschungsbericht 93, S. 129.
[67] Vgl. http://www.porsche.com/germany/aboutporsche/jobs/yourentry/ , sowie:
     http://www.volkswagen-karriere.de/de.html.

„Nicht ganz so attraktiv für die jungen Männer sind Unternehmen aus dem Dienstleistungsbereich, wie TUI, die Deutsche Bank oder Allianz. Die Bundeswehr belegt mit Platz 22 einen Rang im unteren Bereich der Attraktivitätsskala. Die direkte Konkurrenz schneidet wesentlich besser ab: die Polizei belegt den 15. Platz und der Zoll den 16. Platz. Die unattraktivsten Arbeitgeber für die jungen Männer sind kirchliche Einrichtungen, Starbucks und Mc Donalds."[68]

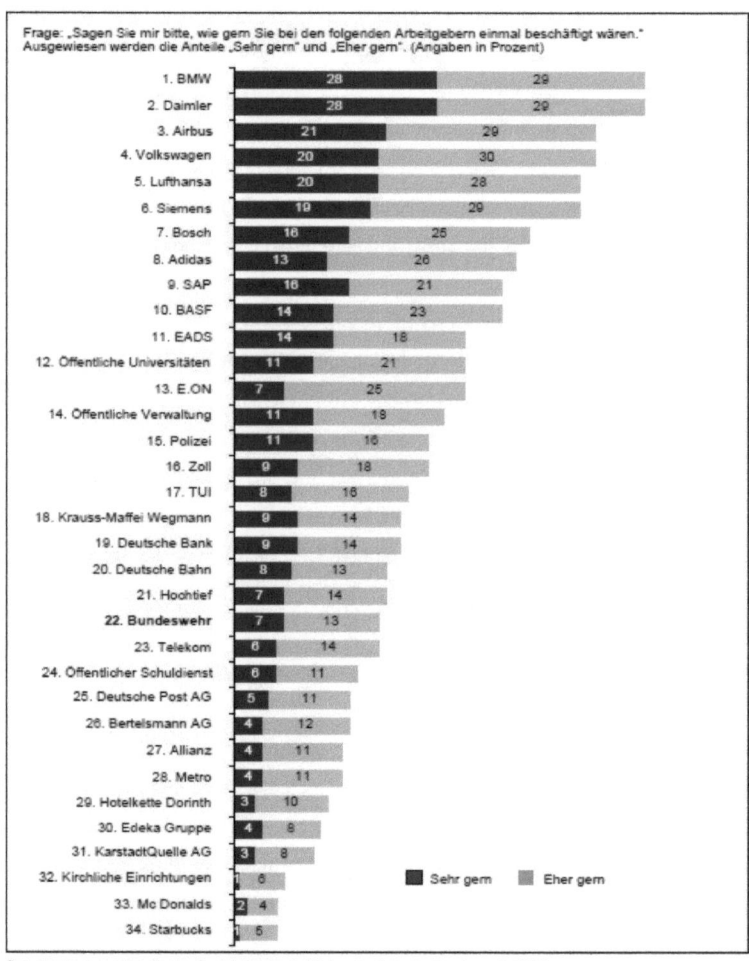

Datenbasis: Jugendstudie des Sozialwissenschaftlichen Instituts der Bundeswehr 2008.

---

[68] Vgl. Forschungsbericht 93, S. 128f.

Abbildung 7 - Attraktivität ausgewählter Arbeitgeber für junge Männer[69]

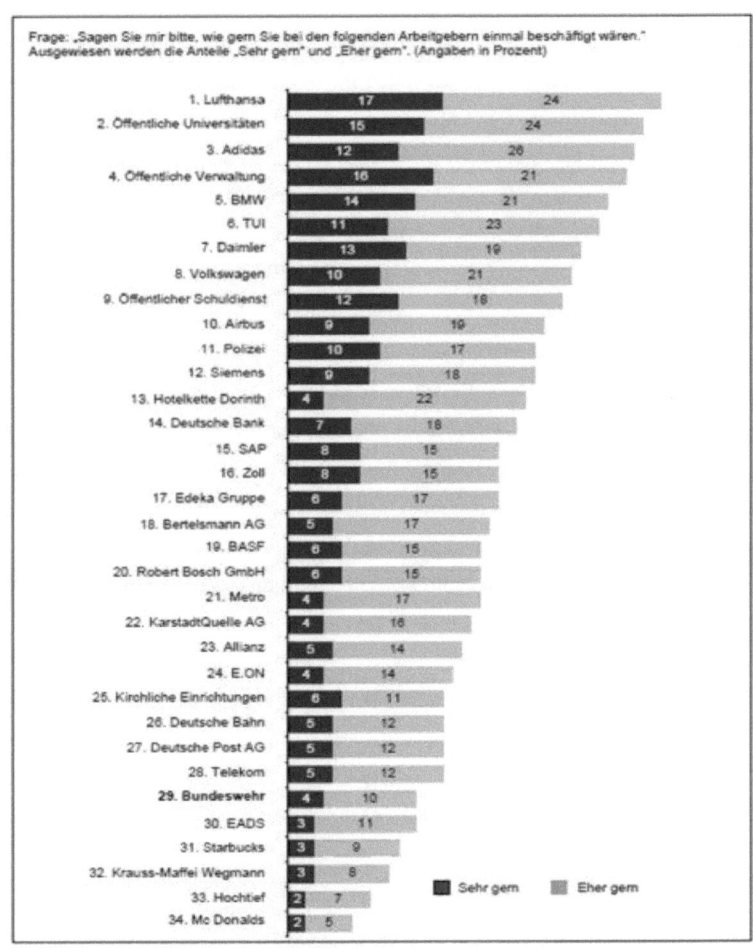

Datenbasis: Jugendstudie des Sozialwissenschaftlichen Instituts der Bundeswehr 2008.

Abbildung 8- Attraktivität ausgewählter Arbeitgeber für junge Frauen[70]

„Für junge Frauen ist die Lufthansa der attraktivste Arbeitgeber der hier betrachteten Auswahl (vgl. Abbildung 8) [...]. Viele streben auch eine Anstellung im Dienstleistungssektor oder im öffentlichen Dienst an. Begehrte Arbeitgeber sind die öffentlichen Universitäten bzw. Hochschulen (2. Rang) die öffentliche

---

[69] Vgl. Forschungsbericht 93, S. 130.
[70] Vgl. Forschungsbericht 93, S. 131.

Verwaltung (4. Rang) oder der öffentliche Schuldienst (9. Rang). Die Bundeswehr ist dagegen nur für wenige junge Frauen ein attraktiver Arbeitgeber (29. Rang). Sie wird von vielen offenbar noch immer als eine Männerdomäne angesehen. Schlechter als die Bundeswehr schneiden nur noch EADS, Starbucks, Krauss-Maffei Wegmann, Hochtief und Mc Donalds ab. Bei den jungen Frauen wird die Polizei viel besser als Arbeitgeber bewertet (11. Rang) als die Bundeswehr. Im Hinblick auf die Attraktivität des Arbeitgebers Bundeswehr unterscheiden sich die Bewertungen der jungen Männer und Frauen. Während bei den jungen Männern jeder Fünfte „Sehr gern" und „Eher gern" bei der Bundeswehr berufstätig wäre, kann sich nur jede siebte junge Frau eine solche berufliche Perspektive vorstellen. Die Unterschiede zwischen den Altersgruppen, Bildungsniveaus und Regionen sind geringer als erwartet. Für die jungen Männer gilt: Je älter die Befragten sind, desto unattraktiver ist der Arbeitgeber Bundeswehr. Je größer die beruflichen Alternativen sind, desto seltener wären die Jugendlichen gern bei der Bundeswehr beschäftigt, das zeigt sich bei den Befragten mit höherem Bildungsniveau und bei den jungen Bewerbern aus Süddeutschland. Von den jungen Männern mit Haupt- oder Realschulabschluss sehen 50 Prozent die Bundeswehr als unattraktiven Arbeitgeber, von denen mit Hochschul- bzw. Fachhochschulreife sind es mit 61 Prozent wesentlich mehr. Bei jungen Frauen werden nur geringfügige Unterschiede deutlich. Der Anteil derjenigen jungen Frauen, die „Sehr gern" oder „Eher gern" bei der Bundeswehr beschäftigt wären, bewegt sich in allen betrachteten Gruppen und Milieus zwischen 8 und 18 Prozent."[71] Nachfolgend sollen die dargestellten Ergebnisse eingeordnet werden.

2.6 Rückschlüsse aus Interviews und Fallstudien

Um gute und motivierte Arbeitnehmer zu gewinnen, sollten Arbeitgeber im öffentlichen Dienst versuchen mit neuen Werten, aber auch auf neuen Wegen zu werben. Die Bundeswehr wirbt nicht nur mit der Sicherheit des Arbeitsplatzes, sondern versucht daneben mit Attributen wie Familienfreundlichkeit[72], technischer Innovation, sowie Handlungsfreiheit und Partizipation als Arbeitgeber assoziiert zu werden.

---

[71] Vgl. Forschungsbericht 93, S. 132.
[72] Allgemeiner Umdruck 1/500 – Vereinbarkeit Familie und Dienst in den Streitkräften (hier).

Um ein widerspruchsfreies Bild zu vermitteln, werden grundsätzlich nur Bewerber gesucht, welche selbst für diese Werte stehen.[73] Damit hebt sich die Bundeswehr in vielen Bereichen von anderen Verwaltungen als Arbeitgeber, welche vorrangig nur mit einer möglichen Arbeitsplatzsicherheit werben, ab. Deutlich wird dies am Beispiel des Bundesfinanzministeriums, deren Stellenwebsite im März 2012 aktualisiert wurde[74].

Da ein öffentlicher Arbeitgeber nicht nur mit Unternehmen aus der freien Wirtschaft konkurriert, braucht die Arbeitgebermarke Bundeswehr Alleinstellungsmerkmale, die sie von anderen öffentlichen Arbeitgebern unterscheidet. Da es sicher auch weiterhin Bewerber gibt, die eine Einstellung nur auf Grund eines möglichst sicheren Arbeitsplatzes anstreben, ist zu hinterfragen, inwiefern es der Bundeswehr gelungen ist, die o.g. anderen Werte zu vermitteln. Durchaus positive Tendenzen und die letzten Rekrutierungszahlen[75] sprechen dafür, dass die Bundeswehr im Bereich der Personalgewinnung deutliche Fortschritte gegenüber anderen Arbeitgebern des öffentlichen Dienstes gemacht hat. Um eine starke Arbeitgebermarke bilden zu können, muss jedoch nicht nur das Konzept „von oben" her erdacht werden, sondern jeder einzelne Mitarbeiter sollte sich mit dem Konzept identifizieren können. Entsteht ein einheitlich positives Bild der Arbeitgebermarke Bundeswehr, dann ist es unwahrscheinlicher, dass die Arbeitnehmer von der Bundeswehr in eine andere Verwaltung wechseln. Das bietet viele Vorteile, unter anderem spart dies Einarbeitungskosten und erhöht den Spezialisierungsgrad.

---

[73] Siehe Eignungstests bei der Bundeswehr (Abruf **hier**).
[74] Vgl. Bundesfinanzministerium.
[75] Vgl. Artikel Freiwilliger Wehrdienst in: „Die Zeit".

3. Social Media

3.1 Entwicklung von Social Media

Wie in Kapitel 1.1 (Aufbau und Zielsetzung der Arbeit) bereits erwähnt wurde, beschäftigt sich die Arbeit mit der Frage, wie die Bereiche Personalmarketing und Social Media miteinander interagieren. Daher soll eine kurze Übersicht darüber erfolgen, was unter Social Media verstanden wird und wie sich dieses Feld entwickelt hat. Des Weiteren wird veranschaulicht, welche Plattformen und Anwendungsmöglichkeiten in diesem Bereich bestehen.

Bevor von Social Media gesprochen wurde, entwickelte sich die Begrifflichkeit des „Web 2.0". Der Grundstein für diesen Begriff wurde im Jahr 2004 von Dougherty und Cline[76] gelegt, welche im Rahmen der Planung einer Konferenz eine Bezeichnung für die Veränderungen suchten, die das Internet zu dieser Zeit durchlief. Daraufhin entstand die erste und seitdem jährlich stattfindende „Web 2.0 Conference" in Kalifornien[77]. Mit dem Artikel „What is Web 2.0?" von Tim O'Reilly, über die Veränderungen im Internet[78], festigte sich der Begriff durch einen Artikel im September 2005. Er beschrieb darin die grundlegenden Eigenschaften des Web 2.0: „das Internet als Plattform, die Nutzung der kollektiven Intelligenz, Daten-getriebene Anwendungen, die beliebige Kombinierbarkeit von Komponenten oder ganzen Anwendungen, Plattform- und Geräteunabhängigkeit, umfassende Anwenderfreundlichkeit und Einfachheit"[79]. Dabei dient das Internet nicht mehr nur der eindimensionalen Verbreitung von statischen Inhalten[80], sondern wandelt sich immer mehr zu einer Plattform, in welcher jeder aktive Nutzer über verschiedene Kommunikations- und Informationsdienstleistungen mit anderen Nutzern interagieren kann. Das Web 2.0 kann als die technische und damit auch ideologische Grundlage für die Entstehung von Social Media betrachtet werden. Andreas M. Kaplan und Michael Haenlein definierten Social Media als „eine Gruppe von Internetanwendungen, die auf den technologischen und ideologischen Grundlagen des Web 2.0 aufbauen und die

---

[76] Vgl. Doherty, Cline 2004, S.3
[77] Letzte „Data 2.0 Summit 2013" in San Francisco am 30.04.201.
[78] Vgl. O'Reilly 2005.
[79] z.B. durch Wikipedia oder Wissensbörsen wie http://www.wer-weiss-was.de.
[80] Auch als Web 1.0 bekannt.

Herstellung und den Austausch von User Generated Content ermöglichen"[81].
Social Media ist demzufolge die kulturelle Weiterentwicklung des Web 2.0.[82]

3.2 Plattformen und Technologien

Im Folgenden wird eine Überblicksdarstellung über verschiedene Plattformen und
Technologien gegeben, um auch einen technischen Eindruck der Spannweite von
Social Media zu erhalten. Um erkennen zu können, welche Vielfalt diverser
Formen von Social Media vorhanden ist, lohnt ein Blick auf das sog. Social
Media Prisma (vgl. Abbildung 9), mit Hilfe dessen die Verbindungen von
inhaltlichen und technologischen Perspektiven dargestellt werden.

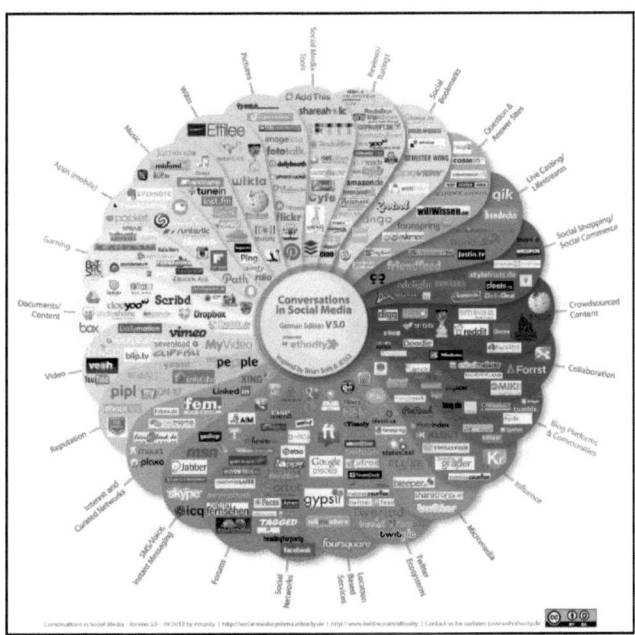

Abbildung 9 – Social Media Prisma[83]

Stellvertretend für die in der Abbildung 9 dargestellten einzelnen Kategorien
sollen an dieser Stelle die vier wichtigsten Überbegriffe für die Aktivitäten in

---

[81] Vgl. Kaplan, Haenlein, S. 59-68.
[82] Vgl. Bernauer, S. 18f.
[83] Vgl. http://www.ethority.de (2013).

Social Media kurz erläutert werden. Es handelt sich hierbei um die Bereiche Kommunikation, Multimedia, Unterhaltung und Kollaboration.[84]

Im Bereich der Kommunikation muss unterschieden werden zwischen Blogs, sozialen Netzwerken und Foren, welche eine one-to-many oder many-to-many-Kommunikation[85] aufweisen. Im Vergleich dazu beinhalten etwa Messenger nur eine one-to-one-Kommunikation und spielen für die vorliegende Arbeit keine weitere Rolle.

Unter dem Begriff Multimedia lassen sich Foto- und Video-Sharing[86], Livecasting, sowie Podcasts einordnen. Zum Bereich der Kollaboration zählen Wikis, Social Bookmarks oder Bewertungs- bzw. Auskunftsportale[87].

Dem Unterhaltungsbereich werden bspw. virtuelle Welten und Onlinespiele zugeordnet. Beispielhaft für die genannten Kategorien soll der Begriff der sozialen Netzwerke näher betrachtet werden.

Unter dem Begriff der Kollaboration lassen sich die sozialen Netzwerke zusammen, welchen im Bezugsrahmen der Informationstechnologie eine browserbasierte Software im Internet bezeichnen, die es ermöglicht, Kontakte systematisch zu strukturieren und Schnittstellen für ein reales Netzwerk abzubilden.[88] Zu diesem Zweck haben sich im Laufe der Zeit Netzwerke für diverse Personengruppen gebildet, etwa für Geschäftsleute, Studenten, Schüler oder Singles.

Soziale Beziehungen sind im realen Leben oft durch einen zeit- und ortsabhängigen Aufwand begrenzt, welcher im Internet jedoch auf Grund massiver medialer Vernetzung keinen Ausgrenzungsgrund mehr darstellt.

Soziale Netzwerke zeichnen sich dadurch aus, dass Nutzern die Möglichkeit eingeräumt wird, ein persönliches Profil anzulegen. Durch die Preisgabe von Informationen über die User besteht die Möglichkeit, sich einfacher mit anderen Nutzern zu vernetzen, weil man bspw. die gleichen Hobbies oder die Zugehörigkeit zu gleichen Schulen teilt. Derartige Informationen sind im realen Leben oftmals erst durch langwierige Kommunikation möglich.

---

[84] Vgl. BVDW (2013), S. 13.
[85] Vgl. BVDW (2013), S. 13.
[86] z.B. YouTube oder Flickr.
[87] z.B. Wikipedia, delicious, Tripadvisor.
[88] Vgl. Bernauer, S. 50ff.

„Die entscheidende Funktion eines sozialen Netzwerkes ist die öffentliche Information der Nutzer untereinander, denn erst durch den Meinungs- und Erfahrungsaustausch kann das eigene Netzwerk wachsen. Dies kann bspw. durch einen Post oder Kommentare erfolgen, welche weitere Reaktionen nach sich ziehen kann und so zum Informationsaustausch beiträgt.[89]"

3.3   Anwendungsmöglichkeiten

Wie im vorangegangenen Abschnitt beschrieben, können die Instrumente von Social Media in verschiedenen Inhalten angewendet werden. An dieser Stelle soll sich mit der Nutzung von Social Media im internen und externen Bereich von Unternehmen befasst werden. Als interne Nutzung versteht man die Integration von Social Media in die bereits vorhandenen Kommunikationsstrukturen des Unternehmens, wie z.B. einem integrierten Wissensmanagement. Im Vergleich dazu zielt eine externe Nutzung darauf ab, die Bereiche Markenkommunikation, Öffentlichkeitsarbeit oder das Personalmarketing zu integrieren.[90]

Da das Ziel der Arbeit ist, die Möglichkeiten des Personalmarketings im Bereich Social Media aufzuzeigen, soll an dieser Stelle näher auf die eben genannte externe Nutzung eingegangen werden. Hierbei soll das Personalmarketing im Bereich Social Media als ein Prozess verstanden werden, um bestimmte Dienstleistungen oder Produkte eines Unternehmens bei der Zielgruppe zu bewerben, welche über traditionelle Kanäle[91] nicht erreicht werden. Hierbei kann auf das Prinzip der Weiterempfehlung im Web 2.0 zurückgegriffen werden. Es handelt sich dabei um eine Verlinkungsstrategie, bei der gute Inhalte ge- und verteilt werden und so auch die Wahrscheinlichkeit erhöht wird, bspw. in Suchmaschineneinträgen schneller gefunden zu werden.[92] Je häufiger eine Seite empfohlen wird, desto interessanter und relevanter, aber vor allem authentischer sollte sie für einen anderen Leser oder User sein.

---

[89] Vgl. Kreß, S 2.
[90] Vgl. BVDW (2013), S. 11.
[91] Wie Stellenanzeigen in Printmedien.
[92] Vgl. Weinberg, S. 4f.

Ein weiteres Ziel des Personalmarketings liegt in der Steigerung des Bekanntheitsgrades des Unternehmens bzw. der Marke. Durch eine hohe Präsenz im Bereich Social Media wird durch das genannte Empfehlungsprinzip die eigene Bekanntheit erhöht und damit das Vertrauen in das Unternehmen gesteigert, sodass sich Kunden zu einem späteren Zeitpunkt daran erinnern können, wenn sie nach einem ähnlichen oder gleichen Produkt suchen. Hierbei wird deutlich, dass durch die Präsenz im Bereich Social Media auch eine andauernde Werbewirkung erzielt werden soll. So bleibt das eigene Unternehmen dank einer Verbreitung durch diverse Nutzer länger positiv im Gedächtnis. Auf diese Weise wird das primäre Ziel der Kundenakquise nachhaltig erreicht.[93]

3.4 Berufsorientierung

Hinsichtlich der Beschäftigung mit der beruflichen Orientierung gilt es zunächst, die Begrifflichkeiten der Berufswahl und der Berufsorientierung voneinander abzugrenzen.

Unter Berufswahl versteht man die Entscheidung einer Person, einen bestimmten Beruf zu ergreifen bzw. diesen zu ändern. Es handelt sich hierbei um eine unter bestimmten Einflüssen stehende Entscheidungsphase, deren Ergebnis dazu beiträgt, dass jemand eine berufliche Tätigkeit ausübt.[94]

Bei der Berufsorientierung beschäftigt sich die Person mit den ihr zur Verfügung stehenden Möglichkeiten für die Vorbereitung auf einen künftigen Beruf. Die Berufsorientierung stellt demzufolge einen Prozess dar, welcher in der Berufswahl gipfelt. Während des Prozesses werden relevante Informationen gesucht und Reflexionen über das eigene Anliegen angestellt.[95] Unter den Begriff der Berufsorientierung fallen oftmals auch die Maßnahmen zur Berufswahlvorbereitung, welche in erster Linie den Schulen und der Berufsberatung der Bundesagentur für Arbeit obliegt.[96] Dabei soll sie über Fragen

---

[93] Vgl. Weinberg, S. 5f.
[94] Definition nach Ludger Busshoff (1989).
[95] Definition nach Lothar Beinke (2004).
[96] Vgl. § 33 Sozialgesetzbuch III.

der Berufswahl, über die Berufe und ihre Anforderungen und Aussichten, über Wege und Förderung der beruflichen Bildung sowie beruflich bedeutsame Entwicklungen in den Betrieben, Verwaltungen und auf dem Arbeitsmarkt umfassend unterrichten.

Der psychologische Ursprung der Berufsorientierung geht vom einzelnen Individuum aus und betrachtet hierbei die Berufsfindung als lebenslangen Prozess. Von zentraler Bedeutung hierbei ist das sog. berufliche Selbstkonzept, welches sich in sozialen Lernprozessen verändert und entwickelt.[97] Bereits im Kindesalter bilden sich (Wunsch-)Vorstellungen von einzelnen Berufsgruppen heraus, welche dann zu sog. Berufsidentitäten reifen. Während dieser Zeit gilt es für das Individuum, die zu Anfang noch große Diskrepanz zwischen Wunsch und Wirklichkeit bezüglich der eigenen beruflichen Integration abzubauen. Fend spricht hier von einem Synchronisationsprozess.[98]

Aufgrund von Selbstbeobachtungen entwickeln sich Interessen, welche die Ausrichtung auf eine spezifische Auswahl von Berufen beeinflussen können. Im Idealfall werden die Interessen des Einzelnen zum Selbstkonzept und lassen Gemeinsamkeiten mit einem beruflichen Feld entstehen. Wenn dies nicht der Fall ist, kann das Individuum in der Regel nicht auf ausreichende Lernerfahrungen zurückgreifen, so dass eine Umstrukturierung des Selbstbildes erforderlich wird. Dies geschieht im Regelfall durch eine wiederholte Einschätzung der eigenen Stärken und Schwächen.[99]

Möglichkeiten des Internets

Zu Beginn des Kapitels wurde hinsichtlich des Prozesscharakters der Berufsorientierung auf die Herausbildung eines beruflichen Selbstkonzeptes bzw. der Entwicklung einer Berufsidentität eingegangen. Dabei spielten verschiedene Lernprozesse und die Interaktion mit dem sozialen Umfeld eine wichtige Rolle. Es soll nun im Folgenden darum gehen, die Bedeutung von Medien im Allgemeinen und von Social Media Plattformen im Speziellen bei der Berufsorientierung junger Erwachsener anhand vorliegender Literatur und nachfolgender Studien in Form einer Fragebogenanalyse zu untersuchen.

---

[97] Vgl. Fend, S 368f.
[98] Vgl. Fend, S. 370.
[99] Vgl. Fend, S. 370f.

Wie anhand von Nutzerverhalten dargestellt wurde, besteht Einigung darüber, dass die Medien und das Internet eine zunehmend bedeutendere Rolle bei der Sozialisation von Heranwachsenden einnehmen, als noch vor 20 Jahren. Gerade die Durchmengung von sozialer und medialer Kommunikation trägt heutzutage zur Identitätsbildung bei, da die Medien nicht nur für Informationen und Unterhaltung genutzt werden, sondern auch zur Meinungsbildung.

Vor der Betrachtung der Internetnutzung wird auf die technischen Voraussetzungen der Heranwachsenden eingegangen, um deutlich zu machen, wie sehr die Umgebung dieser von medialen Inhalten durchmengt ist. Bei der Betrachtung der Ausstattung der Haushalte, in denen sich die Jugendlichen befinden, kann von einem flächendeckenden Zugang zu Computern und dem Internet gesprochen werden. (vgl. Abbildung 10)

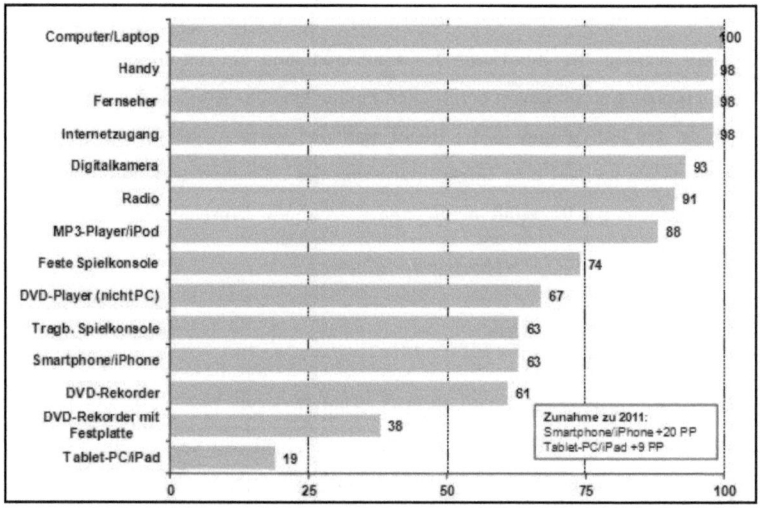

Abbildung 10 - Geräte-Ausstattung im Haushalt 2012[100]

Die Nutzung des Internets in der Freizeit erreicht bei der zu untersuchenden Zielgruppe Spitzenwerte, welche lediglich durch die Nutzungshäufigkeit des Handys übertroffen wird (vgl. Abbildung 11).

---

[100] Quelle: MPFS, JIM Studie 2012 – Medienbesitz.

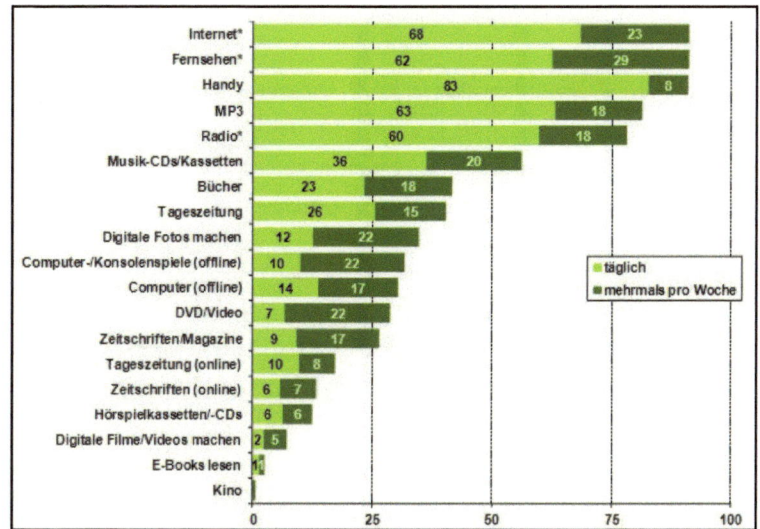

Abbildung 11 – Medienbeschäftigung in der Freizeit 2012[101]

Zu erkennen ist, dass 68% der Befragten das Internet täglich nutzen und 23% zumindest mehrmals in der Woche.

Nachdem die Internetnutzung im Allgemeinen betrachtet wurde, sollen nun die für diese Arbeit relevanten Plattformen und Inhalte des Internets bezüglich ihrer Nutzung dargestellt werden (vgl. Abbildung 12).

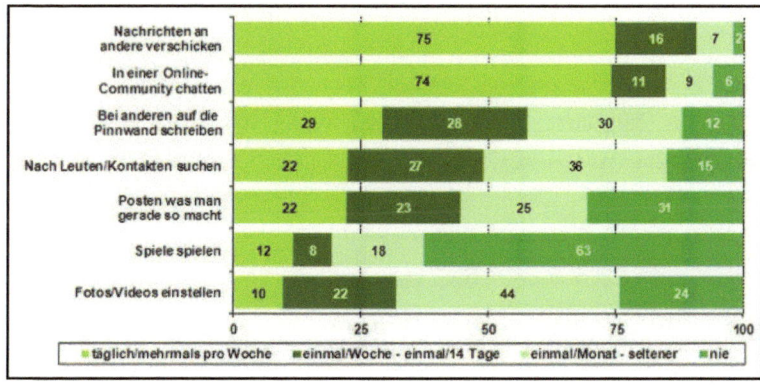

---

[101] Quelle: MPFS, JIM Studie 2012 – Medienbeschäftigung.

Abbildung 12 – Online Communities Nutzungsfrequenz 2012[102]

Rund 75% der Jugendlichen nutzen heute Online-Communities und soziale Netzwerke täglich oder mehrmals in der Woche. Um die studienbasierten Daten mit eigenen Daten[103] vergleichen zu können, wird auch die Verteilung auf die einzelnen sozialen Netzwerke betrachtet (vgl. Abbildung 13).

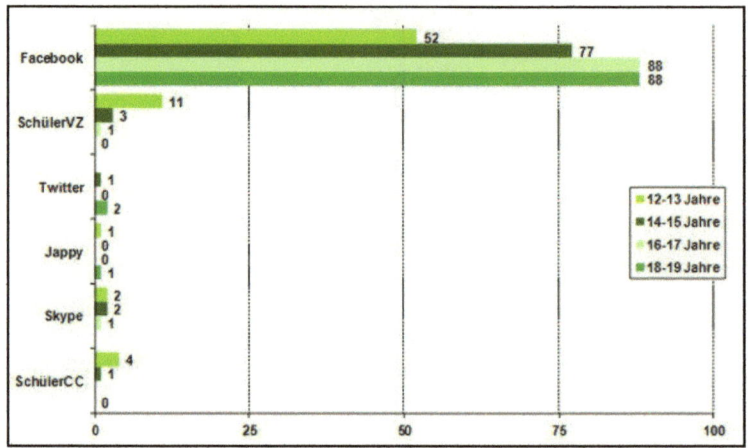

Abbildung 13 – Meistgenutzte Online-Community 2012[104]

Dabei steht Facebook im Durchschnitt mit ca. 75% deutlich an erster Stelle. Mit großem Abstand folgen dann die VZ-Netzwerke[105] oder Twitter[106].

Die Zahlen zur Nutzung von sozialen Netzwerken geben einerseits darüber Aufschluss, dass diese bereits fest in den Alltag von jungen Erwachsenen integriert sind. Anderseits scheinen die Möglichkeiten des Web 2.0 noch nicht

---

[102] Quelle: MPFS, JIM Studie 2012 – Online-Communities.
[103] Vgl. Fragebogen - Anlage 1-
[104] Quelle: MPFS, JIM Studie 2012 – Online-Communities.
[105] Wie StudiVZ, meinVZ u.ä. – welche aber durch die Vormachtstellung von Facebook nahezu völlig aus dem Online-Markt gedrängt wurden. Mitglieder 2010: 17Mio, Mitglieder 2012: 2,8Mio.
[106] Obgleich Twitter 1,4 Mrd. Follower weltweit hat, hat sich die Form des Mikro-Blogging in Deutschland noch nicht mehrheitlich durchgesetzt. Eine Kurzumfrage im eigenen Hörsaal wies als Ergebnis aus, dass nur 1 Student von 22 Twitter nutzt (der Autor selbst).

ausgeschöpft, da nur eine Minderheit der Zielgruppe angibt, mindestens einmal pro Woche selbst Inhalte im Netz zu veröffentlichen (vgl. Abbildung 14).

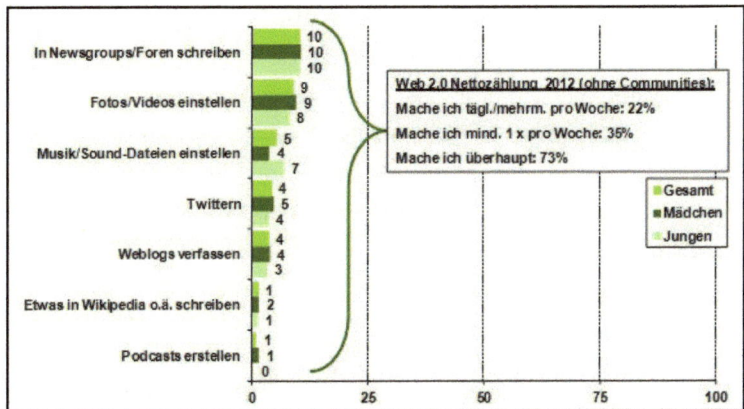

Abbildung 14 – Aktivitäten Im Internet, Schwerpunkt: Web 2.0[107]

Bei der Betrachtung der Internetnutzung als Bestandteil der Berufsorientierung lässt sich sagen, dass das Medium Internet auch hier etabliert ist.

Social Media erscheint somit durchaus relevant im beruflichen Orientierungsprozess der Schüler.

---

[107] Quelle: MPFS, JIM Studie 2012 – Computer + Internet.

3.5 Neuausrichtung des Personalmarketing in der Bundeswehr

Ausgehend vom allgemeinen Rahmen der Auseinandersetzung mit den theoretischen Grundlagen wird nun auf das Fallbeispiel Bundeswehr, insbesondere auf das Personalmarketing, eingegangen.

Zunächst sollen zur Schaffung eines grundlegenden Verständnisses über die Bundeswehr einige rechtliche Rahmenbedingungen, die wichtigsten Aufgaben, sowie die Organisationsstruktur dargestellt werden.

Wie schon zu Beginn dieser Arbeit begründet, wird durch die unterschiedliche Organisation und Schwerpunktsetzung ausschließlich auf die militärische Nachwuchswerbung und -gewinnung eingegangen.

Abschließend werden die im internen sowie externen Personalmarketing eingesetzten Instrumente und Maßnahmen betrachtet.

Der Kernauftrag der Bundeswehr wird aus den verfassungs- und völkerrechtlichen Vorgaben, sowie den sicherheits- und verteidigungspolitischen Interessen abgeleitet und ist in den Verteidigungspolitischen Richtlinien des Bundesministeriums der Verteidigung wie folgt festgehalten:

„Die Bundeswehr

(1) schützt Deutschland und seine Bürgerinnen und Bürger,

(2) sichert die außenpolitische Handlungsfähigkeit Deutschlands,

(3) trägt zur Verteidigung der Verbündeten bei,

(4) leistet einen Beitrag zu Stabilität und Partnerschaft im internationalen Rahmen und

(5) fördert die multinationale Zusammenarbeit und europäische Integration." [108]

„Die meisten Organisationen, auch die Bundeswehr, neigen dazu, im Laufe der Zeit zu unbeweglich zu werden, ... am Bestehenden festzuhalten und Neues zu verdrängen"[109]. Da die gegenwärtigen Strukturen und Fähigkeiten für die jetzige und insbesondere zukünftige Auftragserfüllung unzureichend sind, erfordern die in den verteidigungspolitischen Richtlinien formulierten Aufgaben der Bundeswehr dringend eine Anpassung der bestehenden Organisation.

---

[108] Vgl. Rede des Bundesministers der Verteidigung de Maiziére 2011, S. 1.
[109] Vgl. Rede des Bundesministers der Verteidigung de Maiziére 2011, S. 5.

Erschwerend hinzu kommt das Problem der strukturellen Unterfinanzierung der Streitkräfte, wozu nicht zuletzt auch der demografische Wandel beiträgt.

Einen richtungsweisenden Beschluss mit erheblicher Tragweite für das Personalmarketing der Bundeswehr fällte die Bundesregierung am 15. Dezember 2010 auf Empfehlung der Strukturkommission, als sie beschloss, die Verpflichtung zur Ableistung des Grundwehrdienstes auszusetzen und damit den Übergang zu einer reinen Freiwilligenarmee einzuleiten. Diese Entscheidung hat gerade aufgrund einer kurzen Übergangszeit erhebliche Folgen für die Nachwuchsgewinnung, da die Einberufung zum Grundwehrdienst bis dato auch dafür vorgesehen war, spätere Berufs- und Zeitsoldaten zu rekrutieren. Daher muss nun mehr als je zuvor eine effektive Personalgewinnung angestrebt werden.

3.6 Mittel und Medien des Personalmarketings

Das Personalmarketing der Bundeswehr orientiert sich beim crossmedialen Einsatz der Werbe- und Kommunikationsmittel an dem bewährten AIDA-Stufenmodell. Demnach erfolgt die Einteilung der erwünschten Werbewirkung in vier Phasen (vgl. Abbildung 15).

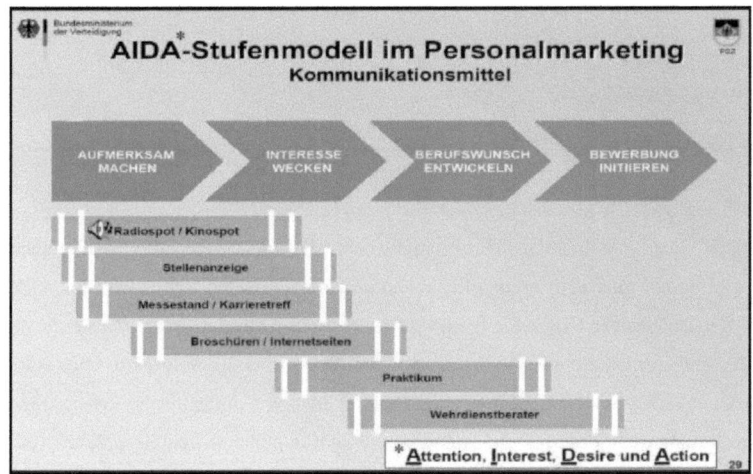

Abbildung 15 - AIDA-Stufenmodell im Personalmarketing[110]

---

[110] Vgl. Bundesministerium der Verteidigung 2011, Folie 29.

Im ersten Schritt werden Personalmarketingmittel eingesetzt, um auf den Arbeitgeber Bundeswehr aufmerksam zu machen, sozusagen um eine positive Imagebildung zu fördern und bestehende Vorbehalte abzubauen. Welchen Erfolg die Imageförderung in den letzten Jahren verzeichnen kann, zeigt der Blick auf das aktuelle Schülerbarometer 2012, in welchem die Bundeswehr als Arbeitgeber aktuell auf Platz 3 liegt (vgl. Abbildung 16).

Top-Arbeitgeber

Das Ranking des **trendence Schülerbarometers 2012** zeigt Dir hier die 100 beliebtesten Arbeitgeber Deutschlands, gewählt von mehr als 10.000 abschlussnahen Schülerinnen und Schülern.

Finde auch heraus, welche weiteren zentralen Ergebnisse in der Studie erhoben wurden.

Rang	Arbeitgeber	%
1	Polizei	10,6
2	ProSiebenSat.1 Media	9,2
3	Bundeswehr	7,4
4	BMW Group	7,2
5	H&M Hennes & Mauritz	6,5
6	adidas	6,4
7	Microsoft	5,9
8	Audi	5,5
9	Porsche	5,3
10	Deutsche Lufthansa	5,2

Abbildung 16 – Schülerbarometer 2012[111]

Durch die regelmäßige Informationsbereitstellung über die zahlreichen Ausbildungs- und Karrieremöglichkeiten soll im folgenden Schritt das Interesse an der Bundeswehr als Arbeitgeber geweckt werden. In der dritten Phase zielen alle Maßnahmen auf die Festigung des Berufswunschs als Soldat ab. Dies wird unter anderem durch Schaffung von Möglichkeiten wie authentische Erfahrungen (im Rahmen von Praktika) zu sammeln und sich in persönlichen Gesprächen (mit Wehrdienstberatern) auszutauschen, unterstützt. Schließlich ist es Ziel der letzten

---

[111] Quelle: http://www.schuelerbarometer.de/arbeitgeber/ranking.html.

Phase, mögliche letzte Zweifel auszuräumen und die potenziellen Kandidaten zur Bewerbung zu motivieren. Mit Blick auf Abbildung 15 wird deutlich, dass die einzusetzenden Medien und Instrumente sich vorrangig auf die ersten beiden Phasen des AIDA-Modells konzentrieren.

Zur Finanzierung der Anzeigenschaltungen in den verschiedenen Medien stellte die Bundeswehr bzw. die Bundesregierung dem Personalmarketing im Jahr 2011 einen Etat in Höhe 8,7 Mio. € zur Verfügung. Bezogen auf den Verteidigungshaushalt für 2011 in Höhe von 31,55 Mrd. €[112] entspricht dieses Budget einem Anteil von circa 0,028%. Anhand dieser Relation kann man durchaus feststellen, dass dem Personalmarketing ein nicht allzu großer Wert zugeschrieben wurde.

Im Bereich der Personalwerbung sind die folgenden Ausgaben entstanden:	
Medienkanal	Kosten 2011
Print	ca. 2 242 000 Euro
Radio	ca. 2 756 500 Euro
TV	ca. 1 662 000 Euro
Kino	ca. 11 500 Euro
Internet	ca. 1 028 000 Euro
Plakatwände	ca. 105 500 Euro
andere Medienformate	ca. 890 000 Euro

Abbildung 17 – Ausgaben Personalmarketing Bundeswehr 2011[113]

Ein Großteil dieser Mittel floss in TV- und Radiospots. So erfolgten 2011 auf den Fernsehsendern ProSieben, Kabel Eins, RTL2, DMAX, Comedy Central und VIVA, sowie auf den einschlägigen Radiosendern Deutschlands der erste Flight in Hörfunk und Fernsehen für das Jahr 2011. Allein für diese Maßnahmen investierte das Personalmarketing der Bundeswehr ca. 1 Mio. €.

Mit der Zielsetzung, neben der Bekanntmachung des Arbeitgebers Bundeswehr („Aufmerksam machen") auch detaillierte Informationen zu Ausbildungs- und Karrierechancen zu vermitteln („Interesse wecken"), lief bspw. im April 2011 eine vierwöchige Kampagne in den bekannten Medien des Axel-Springer-

---

[112] Einzelplan 14 – Bundeshaushalt 2011.
[113] Eigenberechnung auf Grundlage der Kleinen Anfrage / Drucksache 17/9211.

Verlags[114]. Im Fokus standen dabei erstmals potenzielle Bewerber für den freiwilligen Dienst bei der Bundeswehr, sowie Multiplikatoren[115], die einen möglichen Einfluss auf die Arbeitgeberwahl haben.

Zur permanenten Kommunikation mit den relevanten Zielgruppen, zur Gewinnung und Pflege von Kontakten und zur Bereitstellung aktueller Informationen zu den Ausbildungs- und Karrieremöglichkeiten, unterhält die Personalgewinnungsorganisation der Bundeswehr zwei Internetauftritte. Dabei dient die Domäne www.treff.bundeswehr.de vor allem der Ansprache der Jugendlichen ab 14 Jahren. Diese Domäne richtet sich an alle jungen Erwachsenen, die sich in der Berufsorientierungsphase befinden, sowie an deren Familien, Freundes- und Bekanntenkreise.

Seit Oktober 2010 nutzt die Bundeswehr durch die Spiegelung des Online-Auftritts das mobile Internet, welches durch eine Bundeswehr-Applikation[116] für Smartphones abrufbar ist. Festzuhalten bleibt an dieser Stelle, dass kein anderer Arbeitgeber im öffentlichen Dienst derartige Gestaltungsmöglichkeiten im Internet vorweisen kann.

Die aufgezeigten Anstrengungen zahlten sich aus. Bis Anfang 2012 konnten allein für den freiwilligen Wehrdienst mehr als 8.000 Freiwillige gewonnen werden. Diese Bewerberzahlen liegen deutlich über den prognostizierten Erwartungen.[117]

Auf die Darstellung und Beschreibung der Personalmarketingmaßnahmen der Bundeswehr auf Social Media Plattformen wurde an dieser Stelle bewusst verzichtet. Eine detaillierte Betrachtung erfolgt im Kapitel 4.4. (Social Media Instrumente im Bereich der Bundeswehr).

---

[114] Dazu zählten Publikationen der BILD-Gruppe.
[115] Multiplikatoren der Zielgruppenangehörigen zählen zu den Adressaten der Personalmarketingaktivitäten. Denn diese haben als Eltern, Freunde oder Bekannte unmittelbar Einfluss auf die Berufsentscheidung der jungen Erwachsenen.
[116] Mittlerweile in Version 2.6 (seit 03.03.2013) im AppStore oder Android-Store erhältlich.
[117] Bundesministerium der Verteidigung 2012.

4.   Chancen und Barrieren im Personalmarketing

4.1   Strategische Ansätze und Handlungsfelder

Im folgenden Kapitel sollen die Verwendungsmöglichkeiten von Social Media im Bereich des Personalmarketing thematisiert werden. Es empfiehlt sich an dieser Stelle ein strategischer Ansatz für die Maßnahmen des Personalmarketing, welcher in bereits vorhandenen Kommunikationsstrategien implementiert sein sollte und der Arbeitgebermarke angepasst ist. Hieraus ergeben sich die Ziele dieser Maßnahmen. Der Weg der Verbreitung von Informationen oder die Art der Kommunikation mit potenziellen Bewerbern müssen differenziert betrachtet werden, um so die besten Plattformen von Social Media auswählen zu können und die Ziele des Personalmarketing zu erreichen.[118]

Parallel dazu muss auch über die Partizipation der eigenen Mitarbeiter innerhalb dieses Prozesses nachgedacht werden.

Als weiterer Aspekt der Social Media Strategie steht ein Konzept, welches inhaltlich langfristig aufgebaut sein sollte, um den potenziellen Bewerbern über einen längeren Zeitraum Inhalte anbieten zu können.[119] Aus den vorgenannten Aspekten, ergeben sich weiterführende Fragen nach qualifiziertem Personal und /oder finanziellen Ressourcen, welche im Rahmen der gewählten Strategie beantwortet werden müssen.[120]

Welche weiterführenden Möglichkeiten sich für den Bereich des Personalmarketings innerhalb von Social Media bieten, soll im folgenden Kapitel dargestellt werden.

4.2   Social Media Plattformen

Nachdem im vorangegangenen Abschnitt einzelne Einsatzmöglichkeiten aufgezeigt wurden, sollen nun einige ausgewählte Plattformen und Instrumente näher betrachtet werden, welche in den Augen des Autors in diesem Zusammenhang relevant sind. Es soll hierbei unterteilt werden in Videoplattformen und sozialen Netzwerken.

---

[118] Vgl. Eder/Frickenschmidt, S. 36.
[119] Vgl. Eder/Frickenschmidt, S. 37.
[120] Was an dieser Stelle nicht weiter intensiviert werden soll.

4.2.1 Videoplattformen

Videoplattformen sind zu einem festen Bestandteil des UGC im Internet geworden. Vorrangig auf Grund verbesserter technischer Möglichkeiten, bspw. hohen Übertragungsbandbreiten zu niedrigen Kosten (Flatrates), hochauflösenden Digital- und Videokameras, sowie vergleichbar ausgestatte Smartphones hat sich die Verbreitung von Online-Videos und der entsprechenden Plattformen entwickelt.

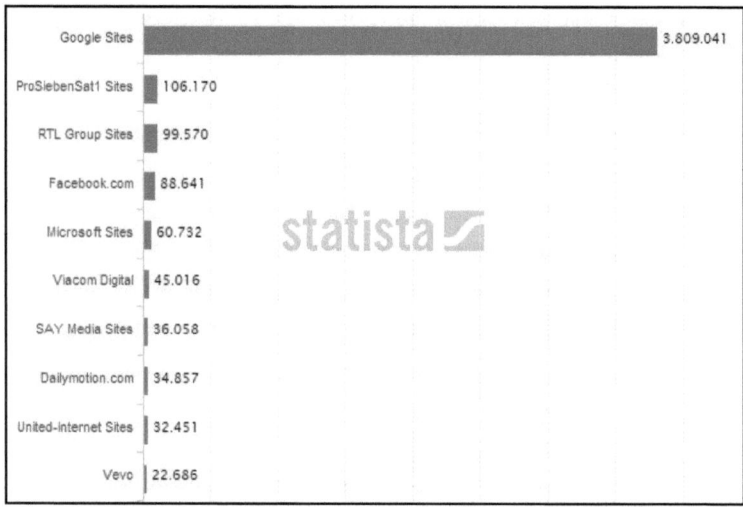

Abbildung 18 – Top 10 der Online-Videoplattformen in Deutschland nach Gesamtzahl der Videos[121]

Zur Auswertung der Abbildung 18 ist anzumerken, dass YouTube eine Tochterfirma von Google ist und dementsprechend auch hier in der abgebildeten Statistik einen erheblichen Teil der gesehenen Videos beiträgt.

---

[121] Quelle: http://www.Statista.com.

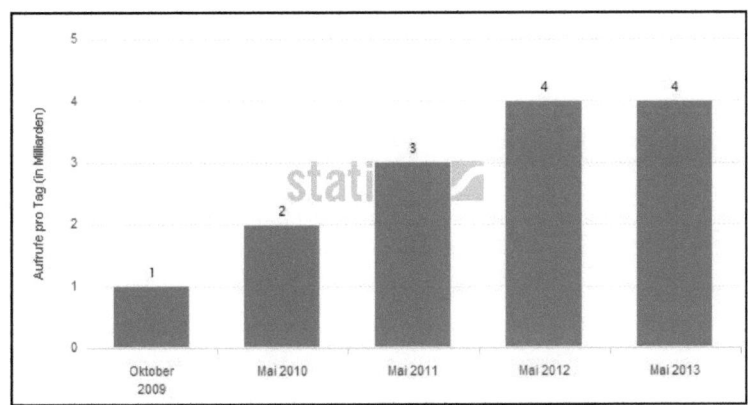

Abbildung 19 – Anzahl der bei YouTube aufgerufenen Videos pro Tag 10/2009 – 05/2013[122]

Da Bilder laut eigener Beobachtung weitaus informativer und moderner wirken als reine Textinformationen, nutzen Unternehmen die Kombination aus Fotos und Videos zu verschiedenen Zwecken auf sozialen Plattformen.[123]

Im folgenden Abschnitt soll die derzeit größte existente Videoplattform YouTube vorgestellt werden, auf die Aufzählung weiterer wird an dieser Stelle auf Grund der Vormachtstellung von YouTube verzichtet.

YouTube

Diese Videoplattform hat den weltweit größten Bekanntheitsgrad im Segment der Videoplattformen. Die Seite wurde am 14.02.2005 von den drei ehemaligen PayPal-Mitarbeitern Chad Hurley, Steve Chen und Jawed Karim gegründet und schon am 09.10.2006 von Google übernommen.[124] Die grundsätzliche Bedeutung von YouTube, auch für das Personalmarketing, wird allein durch diverse Fakten deutlich: YouTube nimmt weltweit unter den am meisten besuchten Internetseiten Platz 3 ein[125]. Bezieht man alle Internetnutzern weltweit mit ein, besuchen ca. 25 Prozent täglich YouTube. Zur Aufenthaltsdauer bleibt festzuhalten, dass jeder

---

[122] Quelle: http://de.statista.com/statistik/daten/studie/39174/
umfrage/entwicklung-der-anzahl-views-pro-tag-auf-youtube-zeitreihe/.
[123] Zu verweisen wäre hier auf die gelungene Kampagne „Create your own Career!
der Bertelsmann AG (Abruf: **hier**)
[124] Vgl. http://de.wikipedia.org/wiki/YouTube (Stand:19.05.2013, abgerufen am: 27.05.2013).
[125] Vgl. Alexa/Topsites.

Nutzer dieser Plattform diese für ca. 20 Minuten aktiv nutzt (vgl. Abbildung 20 und 21).

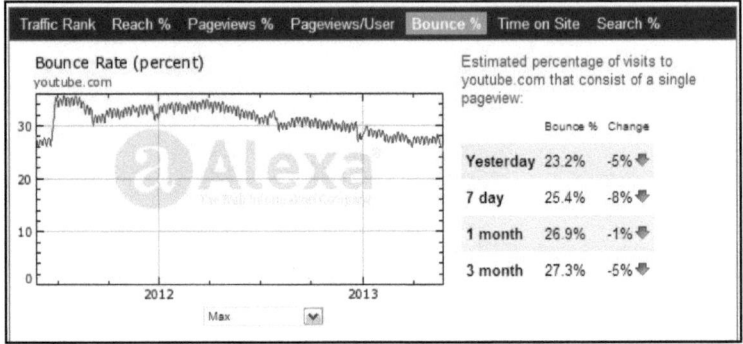

Abbildung 20 – Nutzung der Internetuser prozentual auf der Seite von YouTube[126]

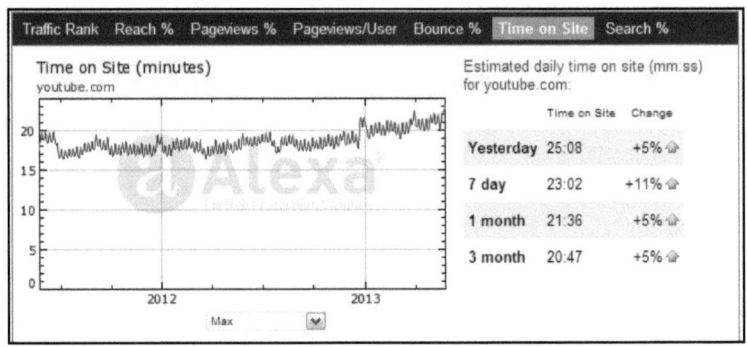

Abbildung 21 – durchschnittliche Verweildauer auf YouTube pro Nutzer[127]

Ein weiterer vorteilhafter Aspekt für die User ist die kostenlose Nutzung. Das Streamen der Videos, als auch das Uploaden sind (zum größten Teil[128]) gebührenfrei. Da für eine spezielle Suche nach Videos häufig direkt YouTube als Ausgangspunkt und somit als Suchmaschine genutzt wird, ist YouTube damit zur Nummer zwei der Suchmaschinen hinter Google weltweit geworden.[129]

---

[126] Quelle: http://www.alexa.com/siteinfo/youtube.com.
[127] Quelle: http://www.alexa.com/siteinfo/youtube.com.
[128] Vgl. http://t3n.de/news/youtube-startet-kostenpflichtige-463791/.
[129] Vgl. Alexa Topsites.

Ein großer Vorteil für Unternehmen ist, dass YouTube kostenlose Statistiken zur Verfügung stellt, mit denen die Messbarkeit der Aktivitäten der Nutzer gewährleistet wird (vgl. Abbildung 22 und 23).

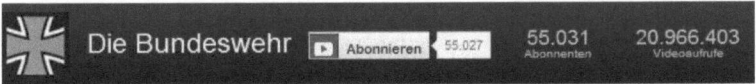

Abbildung 22 – Übersicht der Abonnenten und Videoaufrufe der Bundeswehr bei YouTube[130]

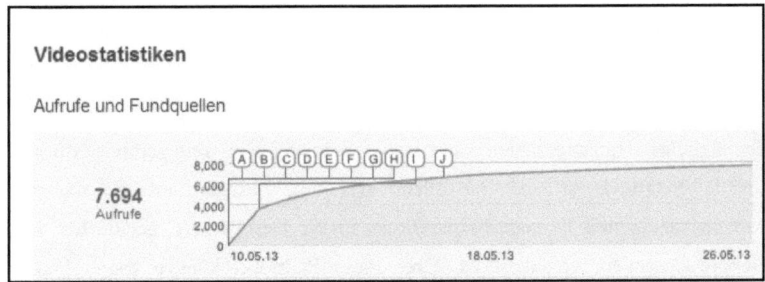

Abbildung 23 – Videostatistik eines Bundeswehrvideos[131]

Videos bei YouTube bzw. auch deren Verlinkung werden im Rahmen des Personalmarketings verstärkt eingesetzt, um der Zielgruppe Informationen anzubieten. Auf Grundlage der getätigten Aussagen über YouTube ist es nicht verwunderlich, dass mittlerweile so gut wie jedes größere Unternehmen einen eigenen YouTube-Kanal betreibt, um über diese Plattform Nutzer zu erreichen.

4.2.2 Soziale Netzwerke

Nachdem die Möglichkeiten der Videoplattformen dargestellt worden sind, sollen die soziale Netzwerke nun anhand der am meisten verbreiteten Beispiele erläutert und deren spezielle Bedeutung für das Personalmarketing verdeutlicht werden.

Als Ausgangspunkt der Betrachtungen kann festgehalten werden, dass soziale Netzwerke für die Personalgewinnung dazu genutzt werden, um seitens der Unternehmen zur Zielgruppe möglicher Arbeitnehmer Kontakt und Vertrauen

---

[130] Quelle: http://www.youtube.com/user/Bundeswehr?feature=watch
[131] Quelle: http://www.youtube.com/watch?v=HtFsY6Ad0wI

aufzubauen, diesen zu pflegen und zu halten. Wie schon bei den Videoplattformen soll sich auf die größten Anbieter sozialer Netzwerke beschränkt werden.

Facebook

Facebook hat sich seit der Gründung im Jahr 2004 zum bisher größten sozialen Netzwerk der Welt entwickelt. Mittlerweile verfügt Facebook über 1,11 Mrd. Nutzer weltweit[132], welche im Durchschnitt mit 342 Freunden[133] verbunden sind. Allein die globale Verbreitung in über 70 Sprachen macht deutlich, wie groß dieses Netzwerk ist, welches derzeit ca. 751 Mio. Menschen[134] aktiv nutzen. In Deutschland ist die Mitgliederzahl global gesehen mit am stärksten gewachsen und beträgt zum heutigen Stand (Mai 2013) ca. 25 Mio. Nutzer[135]. Entsprechend der täglichen Nutzungszahlen kann man feststellen, wie weit verbreitet dieses soziale Netzwerk ist und vor allem, wie tief, bezogen auf die tägliche Nutzungsdauer und Freundeslisten, dieses in der Gesellschaft, gerade bei den Heranwachsenden, verankert ist. Über diese Plattform können bspw. Fotos, Videos oder Nachrichten ausgetauscht oder an diverse Empfänger verteilt werden. Daneben besteht die Möglichkeit, sich in Gruppen oder Veranstaltungen zusammen zu finden. Es vernetzen sich die Nutzer mit Freunden, Kollegen oder teilen anderen Nutzern mit, welche Vereine oder Organisationen sie unterstützen oder bevorzugen. Es kann daher von einem virtuellen Spiegelbild der natürlichen sozialen Beziehungsstruktur gesprochen werden.

Für das Personalmarketing stellen die angesprochenen Vorteile eine besondere Herausforderung dar. Nicht nur, dass die starke Frequentierung von Facebook die Wahrscheinlichkeit erhöht, hier passendes Personal zu finden. Daneben führt die Informationspreisgabe der Nutzer (u.a. durch den „Gefällt mir" Button) zu einer genauen Verortung dieser Zielgruppe.

Dies ist auch der effektivste Weg, die Aufmerksamkeit der Zielgruppe innerhalb von Facebook auf sich zu lenken. Zum einen auf dem Wege der Kommunikation über das möglichst positive Image der Arbeitgebermarke und zum anderen über Inhalte, welche für die Zielgruppe interessant und relevant sind. Auf diesem Wege gelingt es, die Nutzer dazu zu motivieren, die eigene oder künftige Facebook-

---

[132] Vgl. Facebook Nutzerdaten
[133] Vgl. Wolfram Alpha
[134] Vgl. Facebook Key Facts
[135] Vgl. AllFaceBook

Arbeitgeber-Seite und auch deren Inhalte, bspw. mit dem „Gefällt-mir" Button für die eigenen Freunde und Bekannte positiv sichtbar zu bewerten und damit auch als Multiplikator für das Unternehmen aufzutreten.

Um die hinzugewonnenen „Fans" auch zu halten, scheint es sinnvoll, eine Arbeitgeberseite auf Facebook als Teil einer langfristig angelegten Social Media Strategie zu sehen.

Hierbei können sich aufzubereitende Inhalte für die Nutzer auf für sie wichtige Themen beziehen, wie z.B. aktuelle Inhalte und Neuigkeiten über den Arbeitgeber, zum anderen die Bildung einer aktiven Gemeinschaft und die persönliche Anrede des Nutzers. Wie am besten mit den Nutzern über diese Plattform kommuniziert werden kann, sollte in Studien herausgefunden werden, soll aber nicht Teil dieser Abhandlung sein.

Facebook bietet die Funktion der sog. Social-Plugins an, um damit auf der eigenen Homepage des Unternehmens die Plattform Facebook einbinden zu können. Solche Plugins können neben dem bekannten „Gefällt-mir"-Button auch ein Facebook Login-Feld sein. Damit kann u.a. auf der eigenen Homepage angezeigt weden, welche Freunde bereits Fan der Seite sind oder im Allgemeinen, wie viele Fans die Karriere-Seite insgesamt hat.[136]

Auf diese Weise kann sich das Personalmarketing das bereits erwähnte Empfehlungsprinzip zu Nutze machen, welches auch bei den Nutzern von Social Media einen sehr hohen Stellenwert besitzt.

Eine weitere Funktion von Facebook ist die Möglichkeit, sog. „Orte[137]" zu teilen, also anderen Nutzern mitzuteilen, wo sich der Nutzer gerade befindet und was er dort gerade tut. Hier bieten sich für das Personalmarketing durchaus interessante Möglichkeiten, da man bspw. ortsbezogene Stellenanzeigen schalten kann und so noch gezielter und persönlicher auf mögliche Bewerber eingehen kann.

---

[136] Vgl. Facebook Plugin
[137] Vgl. Facebook Orte

XING

Das Netzwerk XING[138] wurde im Jahr 2003 zunächst als Plattform für Unternehmer und Freiberufler konzipiert, um Geschäftskontakte zu verwalten. Heute dient es ca. 13,1 Mio. Nutzern, davon ca. 5,2 Mio. aus Deutschland, als Kommunikationsmedium (vgl. **Abbildung 24 und 25**).

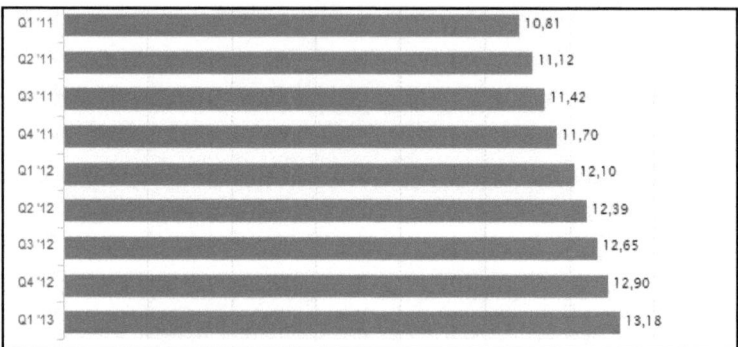

Q1 '11	10,81
Q2 '11	11,12
Q3 '11	11,42
Q4 '11	11,70
Q1 '12	12,10
Q2 '12	12,39
Q3 '12	12,65
Q4 '12	12,90
Q1 '13	13,18

Abbildung 24 – Anzahl der XING-Mitglieder in Mio.[139]

Comscore: Top 20 soziale Netzwerke Deutschland / März 2013			
Platz Website	Un. Visitors*	vs. August 2012	
	in Mio.	in Mio.	in %
1 Facebook.com	39,196	-0,684	-1,7
2 Google+	6,682	3,011	82,0
3 Xing	5,243	0,272	5,5
4 Twitter.com	3,695	0,720	24,2
5 Tumblr.com	3,516	1,139	47,9
6 Ask.fm	3,381		
7 LinkedIn	3,226	0,833	34,8
8 Stayfriends.de	2,471	-0,785	-24,1
9 Odnoklassniki	2,234	-0,108	-4,6
10 Deviantart.com	2,190		
11 wer-kennt-wen.de	2,084	-0,996	-32,3
12 Steamcommunity.com	1,934		
13 Badoo.com	1,832		
14 Dawanda.com	1,737		
15 MySpace	1,651		
16 Jappy	1,533	-0,743	-32,6
17 VZ-Netzwerke	1,491	-1,355	-47,6
18 Erdbeerlounge.de	1,450		
19 VK.com	1,276		
20 NK.pl	1,050		
*Unique Visitors in Deutschland im März 2013			
Daten-Quelle: Comscore / Tabelle: MEEDIA			

Abbildung 25 – Top 20 soziale Netzwerke Deutschlands[140]

---

[138] Bis Ende 2006: openBC (Kurzform für Open Business Club)
[139] Quelle: Statista XING
[140] Quelle: rumohr.

Abbildung 26 zeigt, zu welchem Zweck XING genutzt wird.

Abbildung 26 – Umfrage - Zu welchem Zweck erachten Sie XING als nützlich[141]

Wie ersichtlich ist, legt dieses soziale Netzwerk größeren Wert auf die bereits in der Berufswelt stehenden Mitarbeiter eines Unternehmens. Der Aufbau sozialer Netze und die Möglichkeit, Wissen zu teilen oder Karrierechancen zu nutzen, stehen im Widerspruch zur sozialen Welt von Facebook, welcher eher unterhaltsam informativ ist, als professionell auf die Arbeitsebene bezogen.

In Bezug auf die zu untersuchende Zielgruppe ist dieses Netzwerk daher eher ungeeignet für Personalmarketingmaßnahmen, die Berufsorientierung für den Arbeitgeber Bundeswehr voranzutreiben.

---

[141] Quelle: Statista XING Nutzer.

Abbildung 27 – Angebotsumfang XING[142]

4.3 Richtlinien zum sicheren Umgang im Internet

Da der Umgang mit Social Media Plattformen in der Gegenwartsliteratur des Personalmarketing oft als Allheilmittel besprochen wird, erscheint an dieser Stelle eine kritische Betrachtung und die Benennung von Grenzen wichtig.

In der vorliegenden Arbeit wurde bereits darauf eingegangen, welche Zielgruppen auf welche Art und Weise über Social Media erreicht werden können und sollen. In der Regel zielen die hier beschriebenen Personalmarketingmaßnahmen vor allem auf Personen, welche sich in einer beruflichen Erst- oder Neuorientierung befinden. Wie bereits festgestellt wurde, ist der Erreichungsgrad über Social Media stark von der Aktivität der Nutzer abhängig.

Aktive Nutzer lassen sich relativ einfach erreichen, da sie sich meist öffentlich in Form von Kommentaren oder Bewertungen äußern, so dass sie als „Fans" von bestimmten Seiten oder auch Unternehmen identifiziert werden können. Komplizierter wird es bei den Nutzern, die sich in Social Media eher passiv verhalten, da diese auf Grundlage ihrer bisherigen Verhaltensweise eher schwer zur aktiven Gestaltung von Inhalten animiert werden können.

---

[142] Quelle: https//:www.XING.com

Eine weitere Grenze ist die Generierung von Bewerbungen aus Maßnahmen im Bereich Social Media. In Bezug auf Facebook spricht einiges dafür, dass für die Mehrheit an Nutzern das „Fan-Sein", indem man ein Unternehmen mit „Gefällt mir" markiert, noch lange nicht bedeutet, dass dieses automatisch als ein attraktiver Arbeitgeber wahrgenommen wird[143].

Als Herausforderung bei der Veröffentlichung von Inhalten ist die sog. Eigendynamik zu nennen. Insbesondere Bilder und Videos werden im Netz häufig unkontrolliert kommentiert, weitergeleitet und in anderen Plattformen veröffentlicht, mit denen der Autor der Inhalte mglw. gar nicht in Verbindung gebracht werden wollte.[144] Gleichzeitig muss jeder Verfasser bereit sein, sich mit negativer Resonanz und Kritik auseinanderzusetzen. Natürlich kann eine Reaktion auf kritische Äußerungen noch massivere Kritik auslösen, dennoch sind die Folgen deutlich negativer, wenn auf Probleme oder Kritik nicht zeitnah oder gar nicht reagiert wird. Daher sollten auch diese Aspekte vor einer Konzeption von Social Media Veröffentlichungen beachtet werden.[145]

Die zuletzt genannten Gefahren sind für die bei dieser Arbeit zu betrachtende Zielgruppe weniger relevant und sollen auch nicht näher thematisiert werden. Dennoch kann auch die genannte Zielgruppe durch Äußerungen auf Social Media Plattformen beeinflusst werden, wie Aussagen zum Betriebsklima, zu Produkten oder über mögliche künftige Kollegen.

Der Arbeitgeber sollte die Kontrolle über die geschäftliche Kommunikation behalten, sich jedoch nicht in die private Kommunikation der Mitarbeiter einmischen.

Hier ist die Frage zu stellen, wo die Grenze zu ziehen ist.

Aus diesem Grund stellen immer mehr Firmen sog. Social Media Guidelines[146] auf. Idealerweise sollten diese auf einer Social Media Strategie aufbauen, die wiederum aus den Unternehmenszielen abgeleitet worden ist. [147]

An dieser Stelle verweist der Autor zur näheren Betrachtung auf die vom Bundesverband Informationswirtschaft [...] e.V. herausgebrachten Social Media Guidelines.[148]

---

[143] Vgl. Knabenreich, S. 2.
[144] Vgl. Köster, S. 1.
[145] Vgl. Kempf, von Pappenheim, S. 3.
[146] Leitfäden
[147] Vgl. Social Media Guidelines BITKOM 2010, S. 3.

4.4   Social Media Instrumente im Bereich der Bundeswehr

Nun folgend soll eine kurze Darstellung des Einsatzes von Social Media Plattformen für das Personalmarketing der Bundeswehr aufbereitet werden.

Bis vor einigen Jahren stand das BMVg gegenüber den Möglichkeiten des Web 2.0 und den daraus entstandenen Social Media Instrumenten sehr skeptisch gegenüber. Die Verantwortlichen hatten Sorge vor einer offenen Meinungsäußerung ihrer Soldaten und befürchteten damit einen Kontrollverlust. Infolgedessen wurde den Angehörigen der Streitkräfte untersagt, sich über ihre Erfahrungen, insbesondere bezogen auf Auslandseinsätze, auf Blogs und in sozialen Netzwerken auszutauschen. Grundlage dieser Einstellung war die Auslegung der §§ 14 und 15 Soldatengesetz[149].

Inzwischen hat die Bundeswehr jedoch neue Wege eingeschlagen und nutzt seit 2010 vermehrt Social Media Plattformen und dies äußerst erfolgreich für die Kommunikation mit verschiedenen Interessen- und Zielgruppen. Insbesondere für die Zielerreichung im Personalmarketing, sowie im Employer Branding ist der Einsatz von Social Media Instrumenten nicht mehr wegzudenken. Hauptmann Frank K.[150], beschreibt die Gründe für ein nachhaltiges Engagement auf Facebook und Co. wie folgt: „Ziel war, junge Erwachsene, die Interesse am freiwilligen Dienst bei der Bundeswehr haben, dort eine Kommunikationsplattform anzubieten, wo sie einen Großteil ihrer ‚Onlinezeit' verbringen, nämlich in sozialen Netzwerken."[151]

Die Bundeswehr hatte demzufolge realisiert, dass die bereits beschriebene demografische Entwicklung und der daraus resultierende „War for Talents" zukünftig andere Personalmarketingwege und -maßnahmen erfordern wird. Da die Zielgruppe nicht nur nach Informationen zu Ausbildungs- und Karrieremöglichkeiten sucht, sondern auch mit ihrem zukünftigen Arbeitgeber in

---

[148] Vgl. Social Media Guidelines BITKOM 2010
[149] Im § 14 SG heißt es, „Der Soldat hat […] über die ihm bei oder bei Gelegenheit seiner dienstlichen Tätigkeit bekannt gewordenen Angelegenheiten Verschwiegenheit zu bewahren." Des Weiteren untersagt das Gesetz im § 15 SG die politische Meinungsäußerung im Dienst, sagt aber auch „das Recht des Soldaten, im Gespräch mit Kameraden seine eigene Meinung zu äußern, bleibt unberührt.
[150] Siehe Kapitel 2.2 (Employer Branding)
[151] Vgl. Interview Hauptmann K. personalmarketing2null.

eine direkte Kommunikation einsteigen möchte, sollte dies idealerweise in ihrer gewohnten Onlineumgebung erfolgen[152].

Gemeinsam mit der Agentur Zenithmedia[153] wurden Ziele für ein Engagement der Bundeswehr auf Social Media Plattformen aufgestellt. Hierbei ging es vorrangig darum, Einsicht in das öffentlich wahrgenommene Bild der Bundeswehr zu gewinnen, die Möglichkeit von Social Media zu nutzen, um über den Arbeitgeber Bundeswehr zu informieren, Informationen über die Zielgruppe zu gewinnen und neue Erkenntnisse für eine weitere Mediaplanung zu generieren.

Am 02.08.2010 startete die Bundeswehr zeitgleich ihre Auftritte auf den Plattformen YouTube[154] und flickr[155], den jeweils erfolgreichsten Video- bzw. Bildportalen im Internet. Die dort eingestellten Inhalte sollten „den Bürgerinnen und Bürgern aus erster Hand ein umfassendes, realistisches und vor allem transparentes Bild über den Alltag und die Einsatzwirklichkeit unserer Soldatinnen und Soldaten"[156] vermitteln.

Im Jahr 2011 wurde Bilanz gezogen und festgestellt, dass das Interesse der Öffentlichkeit äußerst hoch war. Der YouTube-Chanel zählte mit mehr als 16.000 Abonnenten in kürzester Zeit zu den meistabonnierten Kanälen weltweit. Insgesamt wurden die mehr als 500 verfügbaren Videos von mehr als 1,6 Mio. Nutzern 4,4 Mio. Mal angesehen.[157] Anfragen und Kommentare der Nutzer wurden zeitnah und professionell beantwortet. Zudem wurden die potenziellen Bewerber über Verlinkungen[158] schnell mit weiterführenden Informationen versorgt.

Am 04.07.2011 wurde die Facebook-Karriereseite der Bundeswehr online geschaltet. Diese sollte „vordringlich der Kommunikation zwischen Interessenten für den freiwilligen Dienst und der Personalgewinnungsorganisation der Bundeswehr dienen"[159] und daneben als Plattform für die Veröffentlichung personalwerblich relevanter Information genutzt werden.[160]

---

[152] Vgl. Interview Hauptmann K. personalmarketing2null.
[153] Vgl. Infoartikel Auftragserteilung.
[154] Vgl. www.youtube.com/bundeswehr/.
[155] Vgl. www.flickr.com/photos/augustinfotos/.
[156] Vgl. Pressemitteilung 38/2011 BMVg.
[157] Vgl. Pressemitteilung 38/2011 BMVg.
[158] Z.B. zur Karrierehomepage der Bundeswehr.
[159] Vgl. Interview Hauptmann K. personalmarketing2null.
[160] Vgl. Interview Hauptmann K. personalmarketing2null.

Die Bundeswehr investierte für dieses Vorhaben im Jahr 2011 ca. 32.000 € in die Erstellung der Facebook-Präsenz.[161]

Mittlerweile hat es die Bundeswehr geschafft, sich im Facebook-Ranking für Karriereseiten mit derzeit 89.004 Fans[162] auf dem dritten Platz zu etablieren, weit vor anderen „öffentlichen" Arbeitgebern[163]. Als Begründung für den Erfolg in dieser Dimension, der auch similäre Nachahmer im Netz findet, fand Hauptmann K. folgende Worte: „Durch eine [...] ausgewogene Mischung von Information und Kommunikation [...] haben wir anscheinend den Nerv der User getroffen[164]". Im weiteren Verlauf der Betreuung der Facebook-Fanseite soll dieser Auftritt kontinuierlich verbessert, Interesse an den Belangen der Nutzer gezeigt und auch kritische Posts ernst genommen werden. Das formulierte Ziel der Personalgewinnung der Bundeswehr auf Facebook ist nicht eine unmittelbare Bewerbung, sondern die Herstellung des persönlichen Kontakts zwischen potenziellen Bewerber und dem zuständigen Wehrdienstberater.[165] Nur dieser ist in der Lage, individuell und umfassend über die Ausbildungs- und Karrieremöglichkeiten beim Arbeitgeber Bundeswehr zu informieren. Die dargestellten Aktivitäten ergänzen den Personalmarketing-Mix der Bundeswehr.

Mit Blick auf das bereits beschriebene AIDA-Stufenmodell[166] ist das Engagement auf Social Media Plattformen vor allem darauf ausgerichtet, auf den Arbeitgeber Bundeswehr aufmerksam zu machen, ein positives Image zu fördern, bestehende Vorbehalte abzubauen und gleichzeitig das Interesse der Zielgruppe an einer Karriere bei der Bundeswehr zu wecken.
Die Maßnahmen richten sich demnach zielorientiert an junge Erwachsene, welche sich in der ersten Phase ihrer beruflichen Orientierung befinden.

---

[161] Vgl. Kleinen Anfrage / Drucksache 17/9211, S. 12.
[162] Stand 15.07.2013, Abruf unter https://apps.facebook.com/karriere-pages/.
[163] Die Polizei Niedersachsen ist der zweitgrößte öffentliche Arbeitgeber nach Anzahl der Fans auf Facebook mit mittlerweile 17.036 (Stand 15.07.2013).
[164] Vgl. Interview Hauptmann K. personalmarketing2null.
[165] Vgl. Interview Hauptmann K. personalmarketing2null.
[166] Siehe Kapitel 2.5.2.

5. Empirischer Teil: Erforschung von Nutzerverhalten

Im Anschluss an den theoretischen Teil der Arbeit soll nun eine empirische Erhebung zum Nutzerverhalten der o.g. Zielgruppe erfolgen. Der Themenbereich des Personalmarketing soll im Zusammenhang mit der Auswertung im Mittelpunkt der Überlegungen stehen, ob und wie Erkenntnisse über dessen Nutzerverhalten für Zwecke des Personalmarketings genutzt werden können.

Nach einer kurzen Erklärung der Methodik der Erhebung werden die aufgestellten Hypothesen anhand der Methodik überprüft.

5.1 Forschungsweise / Aufbau des Fragebogens

Bereits im Herbst 2012 wurden Absprachen hinsichtlich der Durchführung einer Fragebogenaktion mit der Leitung des Karrierecenters München getroffen. Dabei wurde seitens des Karriercenters entsprechende Unterstützung zugesichert.

Im Anschluss entstand ein Fragenpool, der entsprechend der einzelnen Dimensionen gegliedert und unter Zuhilfenahme des psychologischen Fachpersonals vor Ort gesichtet und verbessert wurde.

Da von Seiten der Bundeswehr mehrere Auflagen zu erfüllen waren, musste zunächst der inhaltliche Schutz des Eignungsfeststellungsverfahrens gewährleistet sein. Da die Befragung selbst nicht Gegenstand der Eignungsfeststellung sein sollte, konnte dies zugesichert werden. Weiterhin wurde festgelegt, dass die Befragung freiwillig und anonym erfolgen soll, so dass eine personenbezogene Auswertung nicht möglich wird.

Die Erhebung wurde in den Kalenderwochen 6/13 und 7/13 (04.02.-15.02.2013) in den Räumlichkeiten des Karrierecenters München durchgeführt. Um die Befragten möglichst wenig zu beeinflussen, wurde die Befragung umgehend nach Anreise und vor dem Eignungsfeststellungsverfahren in München durchgeführt.

Der Erhebung wurde lediglich eine Begrüßung in Verbindung mit einigen organisatorischen Punkten vorangestellt.

Die Stichprobengröße lag bei 198 (N=198). Dies entsprach einer Teilnehmerquote von 100%. Die Stichprobe bestand aus 143 männlichen und 55 weiblichen

Bewerbern. Zur Auswertung der Altersstruktur wurde eine Aufteilung in drei verschiedene Altersgruppen vorgenommen.

Die Altersgruppe der 17- bis 20-Jährigen nimmt mit 127 Bewerbern den größten Teil ein. Der Altersgruppe der 21- bis 24-Jährigen gehören 67 Bewerber an. Zur Altersgruppe der 25- bis 29-Jährigen zählen 4 Bewerber.

Der Fragebogen[167] wurde dergestalt konzipiert, dass durch ihn neben den bereits vorliegenden Daten des theoretischen Teils, weitere Daten im Hinblick auf das Nutzerverhalten im Bereich Social Media erhalten und ausgewertet werden konnten.

Der Fragebogen wurde den Bewerbern im Karrierecenter München ausgehändigt, formal gesehen ist die getestete Gruppe nicht endlich; es wird hier also von einer sog. Teilerhebung ausgegangen. Wichtig war, dass die Stichproben bei der Untersuchung so zusammengesetzt waren, dass sie hinsichtlich der Merkmale, die untersucht werden sollten, ein "echtes" Abbild der Grundgesamtheit darstellten.[168]

Bei der Ausgestaltung des Fragebogens wurde von zwei Hauptfragen ausgegangen: zum einen sollte veranschaulicht werden, welche Formen von Social Media genutzt werden und zum anderen, auf welche Weise. Hierbei wurde, wieder unter Zuhilfenahme des psychologischen Fachpersonals des Karriercenters München, auf eine Mischung aus nominalskalierten (siehe Abbildung 28) und ordinalskalierten (siehe Abbildung 29) Antwortmöglichkeiten je nach Fragstellung geachtet.

---

[167] Vgl. Anlage .
[168] Vgl. Rumler, Kap. 3.6.1.

2.1 Welche Social Media Plattformen nutzen Sie?	
Facebook	☐
Twitter	☐
VZ-Netzwerke	☐
Wer-kennt-wen.de	☐
XING	☐
Wikipedia	☐
Videoplattformen (Youtube)	☐
Bewertungsplattformen	☐
Sonstige	

Abbildung 28 – Beispiel einer nominalskalierten Frage[169]

2.2 Wie oft nutzen Sie Social Media Plattformen

Täglich	mehrmals Pro Woche	einmal pro Woche	einmal pro Monat	nie
☐	☐	☐	☐	☐

Abbildung 29 – Beispiel einer ordinalskalierten Frage[170]

Insgesamt umfasste der Fragebogen neun Seiten und war in eine Einführung und sechs thematisch verschiedenen Teile gegliedert.

Den Befragten wurde zugesichert, dass die Auswertung zum einen anonym erfolgt und zum anderen keine Auswirkungen auf die Einstellungstests hat. Der Fragebogen und die Auswertung der einzelnen Fragen finden sich in Anlage 3 wieder. Die systematische Auswertung des Fragebogens wurde unter Zuhilfenahme des IT-Beauftragten für den Bereich der Rechtspflege der Bundeswehr auf dessen Arbeitsplatz-PC durchgeführt. Die Daten wurden im Anschluss via sicherer Verschlüsselung auf den PC des Autors geleitet.

---

[169] Vgl. Anlage 3.
[170] Vgl. Anlage 3.

Zur Auswertung des Fragebogens wurden insgesamt drei verschiedene Hypothesen (siehe Abbildung 30) aufgestellt, welche im Nachgang ausgewertet werden sollen.

Hypothese 1
Die Bewerber nutzen Social Media Plattformen zielgerichtet für Ihre Berufsorientierung.

Hypothese 2
Die Bewerber präferieren bestimmte Social Media Plattformen für Ihre Berufsorientierung.

Hypothese 3
Die Bewerber werden im Rahmen Ihrer Berufsorientierung auf Social Media Plattformen neben den bereitgestellten öffentlichen Informationen auch durch den „user generated content" beeinflusst.

Abbildung 30 – Arbeitshypothesen

5.2 Auswertung des Fragebogens / Hypothesenüberprüfung

Zunächst gilt es, die Hypothese, dass die Bewerber Social Media Plattformen gezielt für die Berufsorientierung nutzen, zu betrachten.

Bei der Auswertung in Bezug auf die erste Hypothese fällt auf, dass die Befragten über eine vollständige Erfahrung im Bereich Social Media besitzen.[171] Ein ganz wesentlicher Teil nutzt diese Medien sogar täglich, was auch den bereits in Kapitel 3.4. (Berufsorientierung) gewonnenen Erkenntnissen entspricht. Da ein weiteres Drittel der Befragten zumindest mehrmals in der Woche Social Media nutzt, kann daraus geschlussfolgert werden, dass diese ein fester Bestandteil des Alltages der Zielgruppe ist, was sich ebenfalls mit den in Kapitel 3.4. (Berufsorientierung) gewonnenen Daten deckt.

Bei der Überlegung der Zwecke, für die Social Media Plattformen genutzt werden, fällt insbesondere auf, dass die Informationsbeschaffung an oberster Stelle steht.[172] Zwar wurden diese Angaben nicht im ursächlichen Zusammenhang

---

[171] Vgl. Abbildung 38 (Anlage 4).
[172] Vgl. Auswertung der Frage 2.3 im Anhang 4 (Abbildung 39).

mit der Berufsorientierung gemacht, jedoch kann daraus geschlossen werden, dass sich die Bewerber regelmäßig mit Inhalten aus Social Media auseinandersetzen und diese auch als Informationsquelle nutzen. Daneben ist auffallend, dass alle in Frage 2.3 des Fragebogens auswählbaren Verwendungszwecke[173] für die Befragten relevant sind.[174] Herauszustellen ist gleichwohl, dass der Meinungsaustausch und der damit verbundenen UGC von eher geringer Bedeutung ist, speziell im Vergleich zur Informationsbeschaffung.[175]

Die sicherlich größte Aussagekraft im Zusammenhang mit der ersten Hypothese hat die Frage, ob die Befragten sich auf Social Media Plattformen ganz gezielt über berufliche Themen informieren (vgl. Abbildung 31). Diese Frage hat über die Hälfte der Bewerber (52,1 Prozent) bejaht, was ein klares Indiz für eine bewusste Nutzung von Social Media für die berufliche Orientierung darstellt.

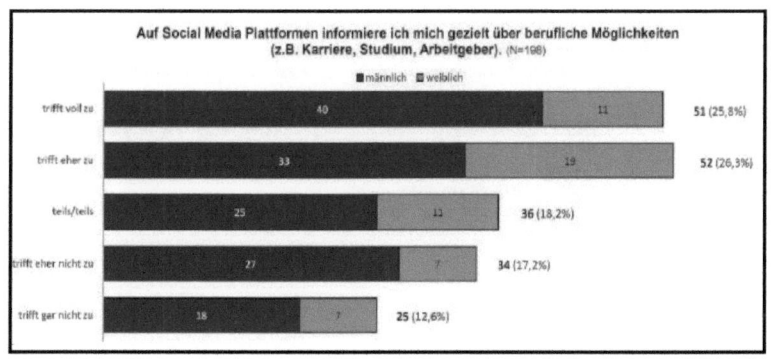

Abbildung 31 – Informationsbeschaffung im Bereich Social Media

Demgegenüber verneint die Mehrheit[176] die Frage, ob sie sich auf Social Media Plattformen auch über berufliche Themen austauschen. Hier unterscheiden die Befragten zwischen Social Media als Austauschplattform auf der einen und als gezielte Informationsquelle auf der anderen Seite, was sich mit den Erkenntnissen zu den Verwendungszwecken von Social Media auf allgemeiner Ebene deckt.

---

[173] Vgl. Abbildung 39 (Anlage 4).
[174] Die Kontaktverwaltung spielt ist nur bei 5,1 Prozent irrelevant, der Meinungsaustausch bei 17,2 Prozent, Spaß bei nur 10,1 Prozent und die Informationsbeschaffung ist sogar nur bei 4 Prozent irrelevant.
[175] Vgl. Abbildung 38 (Anlage 4), für den Meinungsaustausch wenden 42,9 Prozent weniger als eine Stunde pro Woche auf.
[176] Vgl. Abbildung 40 (Anlage 4), auf die Frage 3.3.

Als eine Informationsquelle für die Berufsorientierung spielt Social Media eine eher untergeordnete Rolle.[177]

Dennoch bleibt festzuhalten, dass die erste Hypothese vor dem Hintergrund der erhobenen Daten bestätigt werden kann. Die Mehrheit der Befragten nutzt Social Media ganz bewusst für die Berufsorientierung, auch wenn hierbei die Informationsbeschaffung im Vordergrund steht.

Zur Überprüfung der zweiten Hypothese, ob die Bewerber bei der Berufsorientierung bestimmte Social Media Plattformen präferieren, ist anzumerken, dass hier die Bewerber klare Favoriten bei der Wahl der Plattformen haben[178]. Andere aufgeführte Social Media Plattformen spielen hier nur eine marginale Rolle (vgl. Abbildung 32).

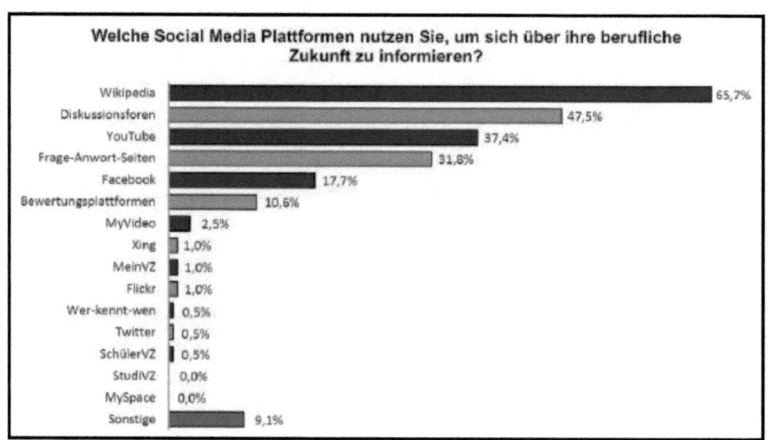

Abbildung 32 – Arten der Social Media Plattformen für die Berufsorientierung[179]

Zur klareren Einordnung der Ergebnisse erscheint ein Vergleich mit der Auswertung dieser Frage nach der allgemeinen Nutzung der Social Media Plattformen sinnvoll (siehe Abbildung 33). Am häufigsten wurden YouTube (93,4%) und Facebook (87,9%) genannt. Bereits im theoretischen Teil wurde

---

[177] Vgl. Abbildung 41 (Anlage 4), auf die Frage 4.1
[178] Wikipedia 65,7 %, Diskussionsforen 47,5%, YouTube 37,4%, Frage-Antwort-Seiten 31,8%, Facebook 17,7%, Bewertungsplattformen 10,6%
[179] Eigene Darstellung auf Grundlage der Auswertung des Fragebogens.

festgestellt, dass diese Plattformen vorrangig zur Kontaktpflege und Unterhaltung genutzt werden. Daraus lässt sich schließen, dass diese Plattformen nicht von allen ihren Nutzern für eine Berufsorientierung genutzt werden. Gleichwohl kann die unbewusste berufliche Orientierung über einen Meinungsaustausch nicht ausgeschlossen werden. Diese Gesichtspunkte wurden jedoch mit diesen Fragen nicht abgebildet.

Anders werden bspw. Wikipedia und Diskussionsforen genutzt. Diese werden bewusst für die Informationsgewinnung eingesetzt, was auch in Bezug auf die Berufsorientierung deutlich wird.

Die Häufigkeit der Nutzung allgemein unterscheidet sich hier wesentlich schwächer von der Nutzung zur beruflichen Orientierung als noch bei YouTube und Facebook (siehe Abbildung 33).

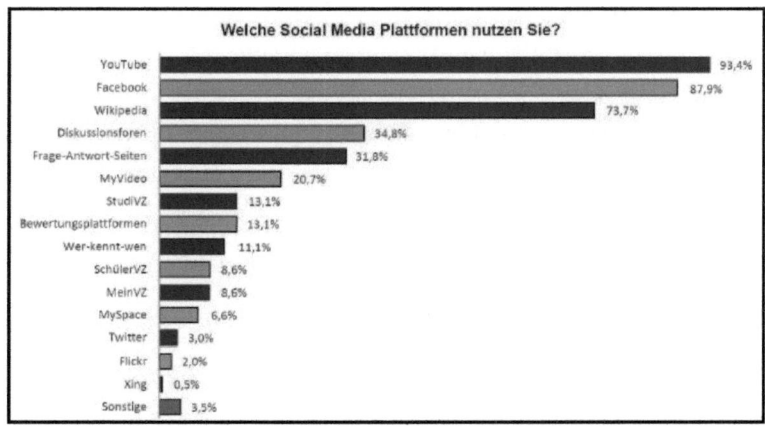

Abbildung 33 – Allgemeine Nutzung der Social Media Plattformen[180]

Auffällig ist, dass die sozialen Netzwerke[181] zwar bei der Zielgruppe relevant sind, im Zusammenhang mit der beruflichen Orientierung aber eine deutlich untergeordnete Rolle spielen[182].

---

[180] Eigene Darstellung auf Grundlager der Auswertung des Fragebogens.
[181] Abgesehen von Facebook
[182] XING war in beiden Fällen für die Befragten wenig relevant, obwohl dessen inhaltlicher Schwerpunkt auf Beruf und Karriere liegt. Dies dürfte an dem bereits erörterten Fokus der Seite auf Young Professionals liegen, zu welchen die Zielgruppe zum Großteil nicht gehört.

Da im Antwortfeld für weitere genutzte Social Media Plattformen lediglich als Antwortoption Google+ mehrfach aufgeführt wurde, kann nur über diese Seite eine steigende Relevanz bei der Zielgruppe erwartet werden[183].

Damit bleibt festzuhalten, dass Hypothese zwei als bestätigt betrachtet werden kann. Im Rahmen der Berufsorientierung hat die Zielgruppe mit Wikipedia und Diskussionsforen klare Favoriten. Diese entsprechen analog den Ergebnissen zu Hypothese eins, da der Aspekt der Informationsbeschaffung bei diesen Social Media Plattformen besonders im Vordergrund steht. Auch YouTube kann in diesem Zusammenhang zu den bevorzugten Social Media Instrumenten gezählt werden, da hier sowohl Unterhaltungs- als auch Informationsbedürfnisse befriedigt werden.

Im Zusammenhang der Klärung der dritten Hypothese, ob die Bewerber im Rahmen Ihrer Berufsorientierung auf Social Media Plattformen neben den bereitgestellten öffentlichen Informationen auch durch den „user generated content" beeinflusst werden, kann die Abbildung 31 grds. als Beleg dienen.

Da Social Media Plattformen zunehmend auch für wirtschaftliche Zwecke genutzt werden, sind jedoch dort längst nicht mehr alle Inhalte nutzergeneriert. In diesem Zusammenhang lohnt sich ein Blick darauf, welche Quellen die Zielgruppe verwenden, um sich beruflich zu orientieren.

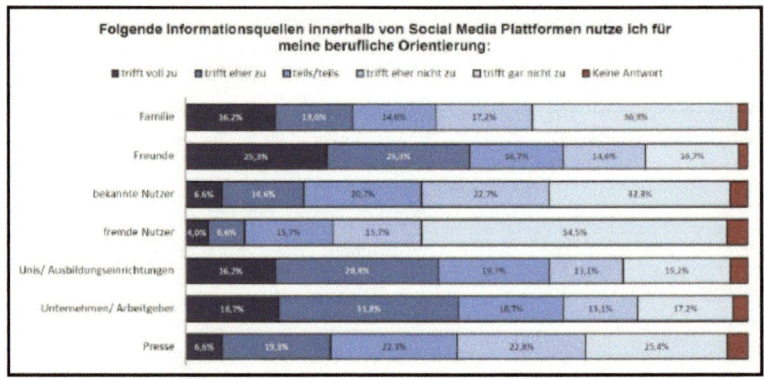

Abbildung 34 – Informationsquellen auf Social Media Plattformen[184]

---

[183] Vgl. Abbildung 48 (Anlage 5), Sonstige.
[184] Eigene Darstellung auf Grundlager der Auswertung des Fragebogens (Frage 4.2).

Im Zusammenhang mit Abbildung 34 kann der dritten Hypothese eindeutig zugestimmt werden, da sowohl Familie, Freunde, bekannte und fremde Nutzer als Informationsquelle in Social Media von der Zielgruppe genutzt werden[185]. Die dargestellten Ergebnisse zeigen eindeutig, dass es für die Zielgruppe trotz der Öffentlichkeit des Internets wichtig ist, zu wissen, von wem die Informationen zu beruflichen Themen stammen, da mit Familie und Freunden die Quellen, zu denen von Natur aus die engsten Beziehungen bestehen, am häufigsten zur Berufsorientierung genutzt werden.

Damit kann der Hypothese zugestimmt werden, dass der „user generated content" neben öffentlich kommunizierten Informationen für die Berufsorientierung auf Social Media Plattformen eine Rolle spielt.

Der nicht erhebbare Faktor hierbei bleibt eine unbewusste Beeinflussung der Zielgruppe durch UGC. Dies kann selbst durch eine Befragung schwer eingeschätzt und abgebildet werden. Geschuldet der Tatsache, dass zwischen 14,6%[186] und 20,7%[187] der Bewerber die Nutzung der genannten Quellen zur Berufsorientierung mit „teils/teils" bewerten, verdeutlicht auf der einen Seite die schwierige Einordnung von Social Media Aktivitäten im Zusammenhang mit der Berufsorientierung, auf der anderen Seite lässt sie einen möglichweise noch größeren Einfluss von UGC in diesem Kontext vermuten.

---

[185] Diese stellen in diesem Zusammenhang den „user generated content" dar.
[186] Bei Familie als Informationsquelle.
[187] Bei bekannten Nutzern als Informationsquelle.

5.3   Resümee der Auswertung

Durch den empirischen Teil der Arbeit sollten Rückschlüsse auf das Nutzerverhalten der Zielgruppe auf Social Media Plattformen im Rahmen deren Berufsorientierung gezogen werden.

Die Auswertung anhand der dargestellten Hypothesen zeigt Social Media als ein Instrument, welches bewusst für die Berufsorientierung genutzt wird.

Jedoch haben Social Media Plattformen im Rahmen der Berufsorientierung insgesamt keine so hohe Relevanz wie das Internet an sich oder persönliche Gespräche. Die Bewerber nutzen Social Media in ähnlichem Umfang als Quelle der Information wie z.B. Messen.

Als wichtiges Ergebnis daraus lässt sich festhalten, dass Social Media im Rahmen der Berufsorientierung der Zielgruppe lediglich als zusätzliche Informationsquelle verstanden werden kann. Die Besonderheiten dieser Medien, sich über Themen auszutauschen und „user generated content" zu produzieren, stehen jedoch nicht im Vordergrund. Als Informationsquelle hingegen ist „user generated content" für die Befragten dagegen ausgesprochen wichtig. Dies wurde bei der Betrachtung der in diesem Zusammenhang relevanten Social Media Plattformen deutlich.

Die Zielgruppe bevorzugt mit Wikipedia und Diskussionsforen ganz klar diejenigen Instrumente, bei welchen der Informationsgehalt im Vordergrund steht. Eher freizeitorientierte soziale Netzwerke spielen hier eine untergeordnete Rolle. Die Untersuchung verschiedener Formen der Bereitstellung von Informationen zeigt eine ähnliche Richtung. Innerhalb der Social Media werden Angebote durchaus angenommen, um im Rahmen der Berufsorientierung weiterführende Informationen zu erhalten.

Ein weiteres theoretisch und empirisch herausgearbeitetes Ergebnis ist die eher passive Nutzung von Social Media durch die Zielgruppe. Hierdurch wird der bereits angesprochene Aspekt unterstrichen, wonach für die Bewerber derjenige Informationsgehalt an erster Stelle steht, den sie konsumieren und nutzen, statt ihn selbst zu produzieren. Auffallend hierbei ist, dass die Befragten sehr genau unterscheiden, auf wessen Meinungen und Informationen sie zurückgreifen. So lässt sich festhalten, dass innerhalb von Social Media die gleichen Einflussgruppen als Informationsquellen wichtig sind, wie auch außerhalb von Social Media.

Die Nutzer achten dabei auf Inhalte der eigenen Familie und differenzieren zwischen Inhalten von bekannten bzw. unbekannten Nutzern.

6. Diskussion und Handlungsleitfaden

Die bereits im theoretischen Teil erarbeiteten Aspekte sollen nun zusammen mit den Auswertungen des empirischen Teils ihren Ausfluss in einer Handlungsempfehlung finden, um die Personalmarketingmaßnahmen gezielter ausrichten zu können. Es soll aufgezeigt werden, welche dieser Aspekte in der Bundeswehr bereits Berücksichtigung finden und an welchen Stellen möglicherweise Anpassungen vorgenommen werden könnten.

In Kapitel 3.4 (Berufsorientierung) wurde bereits auf die Berufsorientierung eingegangen. Für die Relevanz von Social Media bei der Berufsorientierung der Zielgruppe liefert die vorangestellte empirische Untersuchung erste Tendenzen, woraus sich durchaus Anknüpfungspunkte für das Personalmarketing ergeben sollten. Da die berufliche Zukunft für junge Heranwachsende eine hohe persönliche Relevanz hat, ist es wichtig, bei entsprechenden Maßnahmen Anknüpfungspunkte zu kennen und zu nutzen.

Dies wird auch durch die Rolle von Social Media als zusätzliche Informationsquelle für die Zielgruppe der jungen Erwachsenen bei deren beruflicher Orientierung deutlich. Wichtig ist dabei die bereits erläuterte Funktion von Social Media als Wegweiser und Vermittler zu den Informationen.

Aus diesem Grund ist die Verknüpfung der Personalmarketingmaßnahmen im Onlinebereich von entscheidender Bedeutung, wobei die eigene Karriere-Homepage der zentrale Anlaufpunkt sein sollte. Dieser crossmediale Ansatz wurde bereits angesprochen. Auch im Zusammenhang mit den Formen der Informationsbereitstellung ist die deutlich höhere Bedeutung des Informationsgehalts von Social Media Inhalten im Vergleich zu Unterhaltungsaspekten durch die Befragung festgestellt worden. Dabei wurde speziell auf Wikipedia und Diskussionsforen eingegangen. Da in diesem Kontext direkte Personalmarketingmaßnahmen teilweise verboten sind[188], stellt sich die Frage, wie mit diesen Social Media Formen umgegangen werden sollte.

---

[188] Vgl. OLG München vom 10. Mai 2012, Az. 29 U 515/12

Entscheidend ist, dass man bestrebt ist, wahrheitsgemäße und umfassende Angaben über das eigene Unternehmen bzw. die eigene Arbeitgebermarke zu veröffentlichen. Selbst in Wikipedia kann man die entsprechenden Artikel selber mitgestalten und durch weiterführende Links zusätzliche Informationsangebote unterbreiten. Wichtig ist der Umgang mit negativen Beiträgen zur eigenen Arbeitgebermarke. Gerade hierbei ist es ratsam, diese Beiträge richtigzustellen und auf Kritik einzugehen. Da bereits festgestellt wurde, dass sich die meisten der Befragten in Social Media eher passiv verhalten, sind insbesondere Meinungsführer wichtig, welche durch ihren produzierten „user generated content" als wichtige Multiplikatoren wirken.

Es sollten deswegen diese Social Media Nutzer identifiziert, wenn möglich ein positiver Austausch mit ihnen gepflegt und ihre Beiträge verstärkt und unterstützt[189] werden.

Aus den Darstellungen des theoretischen Teils sollte weiterhin festgehalten werden, dass die eigenen Mitarbeiter für das Personalmarketing eine wichtige Rolle spielen. Besonders vor dem Hintergrund der Berufsorientierung sollten diese ermutigt werden, die Arbeitgebermarke des eigenen Unternehmens zu kommunizieren. Die Zielgruppe nimmt solche Informationen gerne an, besonders dann, wenn sie aus ihrem persönlichen Umfeld stammen.

Die Einbindung der eigenen Mitarbeiter in diesen Prozess sollte durch Social Media Guidelines begleitet werden.

Wie bereits dargestellt wurde, stand die Bundeswehr den sozialen Medien zunächst skeptisch gegenüber, da man bspw. die Eigendynamik dieser Medien und den damit einhergehende Kontrollverlust fürchtete.

Letztlich hat sich die Bundeswehr dennoch in verschiedenen Bereichen auf Social Media eingelassen, auch da man diese als wichtige Abholstationen für die Zielgruppe und dementsprechende Chancen für das Personalmarketing erkannt hat.

Die durch die Befragung der Bewerber belegte, bewusste Nutzung von Social

---

[189] Bzw. korrigiert.

Media für die Berufsorientierung kann als ein Ergebnis festgehalten werden, welches die Bundeswehr in ihren Aktivitäten im Bereich Personalmarketing bestärken sollte.

Schwerpunkte hierbei liegen neben Facebook auf YouTube. Beide Auftritte werden sehr professionell betrieben und sind aufgrund der dargestellten Nutzerzahlen als erfolgreich zu bewerten.

Dem hohen Stellenwert von Wikipedia für die Berufsorientierung bei der Zielgruppe wird die Bundeswehr bisher nur bedingt gerecht. Auf Wikipedia finden sich derzeit zwar umfangreiche Informationen zur Bundeswehr im Allgemeinen, was jedoch fehlt, sind Angaben und Informationen, wie sich bspw. der berufliche Einstieg in eine Karriere bei der Bundeswehr gestaltet. Wie bereits erwähnt, ist die Einflussnahme auf die Inhalte von Wikipedia reglementiert und werbende Beiträge untersagt, jedoch können sachliche Informationen eingefügt bzw. in den entsprechenden Diskussionsforen von Wikipedia angeregt werden.

Das größte ungenutzte Potenzial liegt wohl im vorhandenen Bundeswehrpersonal. Hier sollten Skepsis und Ängste seitens des Arbeitgebers abgelegt werden und Arbeitnehmer ermuntert werden, sich in Social Media über den Arbeitgeber zu äußern, um so an Transparenz zu gewinnen und im Sinne der Berufsorientierung näher an das persönliche Umfeld der Zielgruppe heranzurücken. Dafür muss den Beschäftigten der Bundeswehr nicht zwangsläufig Zugang zu Social Media über ihre dienstlichen Computer bereitgestellt werden[190]. Zum Monitoring lassen sich die bereits angesprochenen Social Media Guidelines oder ein entsprechendes Handbuch anführen, die auch im privaten Bereich als Hilfestellung für den Umgang mit Social Media dienen können.

Auch im Kontext der relevanten Formen der Informationsbereitstellung entspricht die Bundeswehr den Bedürfnissen der Zielgruppe der jungen Erwachsenen. Es wird in Social Media ein umfangreiches Angebot an weiterführenden Verlinkungen, Downloads und Bildmaterial zur Verfügung gestellt. Informationen zu konkreten Stellen- und Ausbildungsangeboten werden ebenfalls angeboten und

---

[190] Hier soll darauf geachtet werden, dass „private" Einträge nicht zwingend während der Arbeitszeit eingegeben werden.

später durch eine mögliche Wehrdienstberatung im persönlichen Gespräch detaillierter aufgezeigt.

Es wurde festgestellt, dass die meisten Social-Media-Nutzer sich eher passiv verhalten und verhältnismäßig wenig eigene Inhalte produzieren.

Dies unterstreicht noch mehr die Bedeutung der ohnehin schon bemerkenswerten Nutzerzahlen der Social Media Auftritte der Bundeswehr, da davon auszugehen ist, dass eine deutlich höhere Zahl an Nutzern, die dort platzierten „user generated contents" lesen. Legt man die Nutzerzahlen zugrunde, kann hinsichtlich des Auftritts der Bundeswehr im Internet von bestpractice-Beispielen[191] für andere öffentliche Arbeitgeber gesprochen werden.[192] Diese sollten durchaus mit anderen Verwaltungen kommuniziert werden oder ausländischen Streitkräften und Bündnispartnern zur Verfügung gestellt werden.

Als wichtigster Aspekt des theoretischen Teils dieser Arbeit wird eine nachhaltige und langfristige Strategie für Maßnahmen des Personalmarketings in Social Media empfohlen. Hier ist die Bundeswehr derzeit gut aufgestellt. Die relevanten Zielgruppen wurden klar identifiziert und analysiert. Dabei wurden professionelle und kompetente Dienstleister mit einbezogen. Die Nachhaltigkeit und Langfristigkeit einer übergeordneten Strategie kann allerdings im Rahmen dieser Arbeit nicht bewertet werden.[193] Hier sollte die Bundeswehr darüber nachdenken, langfristige Ziele offen zu kommunizieren.

Abschließend sollen auch die wichtigsten Social Media Plattformen der Bundeswehr kritisch betrachtet werden.

Wie bereits erwähnt ist die Facebook-Karriereseite äußerst erfolgreich. Will man hier jedoch aktiv „user generated content" produzieren, wirkt die gegebene Fokussierung auf das Thema Karriere eher einschränkend. Für Themen, welche darüber hinausgehen, bietet die Bundeswehr auf Facebook keine weitere

---

[191]Diese systematisieren vorhandene Erfahrungen erfolgreicher Organisationen, vergleichen unterschiedliche Lösungen, die in der Praxis eingesetzt werden, bewerten sie anhand betrieblicher Ziele, und legen auf dieser Grundlage fest, welche Gestaltungen und Verfahrensweisen am besten zur Zielerreichung des eigenen Unternehmens oder Arbeitgebers beitragen.

[192] Vgl. Pressemitteilung 38/11 BMVg.

[193] Dafür fehlt ein transparenter Überblick der strategischen Ziele über einen zeitlichen Horizont von mehreren Jahren, welcher dem Autor bis dato verwehrt blieb.

Plattform. Andere Arbeitgeber betreiben beispielsweise jeweils eine Facebook-Karriere-, sowie eine separate Facebook-Unternehmensseite.

Auf diese Weise könnten auch andere Themen in die Diskussion mit den Nutzern eingebracht werden.

Der Auftritt der Bundeswehr auf YouTube hingegen weist keine Trennung zwischen Karriereaspekten und der Bundeswehr im Allgemeinen auf, so dass im Vergleich zum Engagement auf Facebook keine einheitliche Herangehensweise im Bereich Social Media deutlich wird. Daher könnte man empfehlen, den YouTube-Kanal der Bundeswehr durch einen eigenständigen Karrierebereich zu ergänzen, welcher auch direkt über die Startseite des YouTube Kanals oder die Karrierehomepage der Bundeswehr anwählbar ist.

Zusammenfassend lässt sich festhalten, dass die Bundeswehr die Aspekte des Personalmarketings bisher erfolgreich auf Social Media übertragen hat und den Anforderungen der relevanten Zielgruppe in großen Teilen gerecht wird.

Trotzdem konnten Ansatzpunkte aufgezeigt werden, um das Potenzial dieser Medien noch besser nutzen zu können.

7.   Zusammenfassung

Die Überprüfung der Hypothesen lieferte als Ergebnis, dass die Zielgruppe Social Media bewusst für ihre Berufsorientierung nutzt, wobei der Informationsgehalt hier im Vordergrund steht. Eine wichtige Rolle spielt der „user generated content" als zusätzliche Informationsquelle neben offiziell kommunizierten Inhalten.

Die Relevanz des Informationsgehaltes wird auch bei den bevorzugten Social Media Plattformen deutlich. Bei den Befragten werden Wikipedia, Diskussionsforen, YouTube und Frage-Antwort-Seiten am häufigsten für die berufliche Orientierung in Social Media genutzt. Dementsprechend werden auch bei den relevanten Formen der Informationsbereitstellung weiterführende Links, Downloads und Bildmaterial als wichtig bewertet.

In Bezug auf Themen, die in Social Media die Aufmerksamkeit der jungen Erwachsenen wecken, ergab die Befragung die Sicherheit des Arbeitsplatzes, sowie Karriere- und Entwicklungsmöglichkeiten als am wichtigsten eingestufte Themen.

Als Handlungsempfehlungen wurde die Rolle von Social Media betont und empfohlen, die Zielgruppe schnell und unkompliziert mit den für sie relevanten Informationen zu versorgen.

Eine weitere Empfehlung lautet, sich nicht vor der aktiven Kommunikation nach innen und außen zu scheuen. Dabei sollte das Social Media Monitoring genutzt werden, um positive Inhalte zu verstärken, falsche zu korrigieren und Informationsbedürfnisse befriedigen zu können.

Zur aktiven Kommunikation gehört außerdem die Einbindung der eigenen Mitarbeiter in den Personalmarketingprozess mit Hilfe von Social Media Guidelines.

Bei der anschließenden Bewertung des Bundeswehrkonzeptes für den Bereich Social Media konnte festgestellt werden, dass den meisten theoretischen Empfehlungen, die sich aus der vorliegenden Arbeit ergeben, entsprochen wird.

Verbesserungsbedarf konnte in den Bereichen Wikipedia, bei der Einbindung des Bundeswehrpersonals in Social Media Aktivitäten, bei der Erweiterung des Facebook-Auftritts für zusätzliche Themen, sowie bei der Einbettung der YouTube-Kanäle in das Gesamtkonzept identifiziert werden.

In den nächsten Jahrzehnten werden nahezu alle europäischen Arbeitsmärkte von den demografischen Entwicklungen und dem daraus resultierenden „War for Talents" gekennzeichnet sein. Bis 2020 und darüber hinaus werden zahlreiche hochqualifizierte Arbeitskräfte altersbedingt in den Ruhestand gehen.

Der daraus resultierende Bedarf kollidiert mit der rückläufigen Entwicklung der verfügbaren Erwerbstätigen. Diese Fakten beschreiben deutlich die zwingende Notwendigkeit einer nachhaltigen Professionalisierung im Personalmarketing.[194]

Die vorliegende Arbeit hat verdeutlicht, dass dieser „Wettbewerb mit anderen Arbeitgebern um qualifiziertes und motiviertes Personal kein Sprint [ist], sondern ein Marathonlauf"[195], womit die langfristige Ausrichtung der Personalmarketingmaßnahmen verdeutlicht werden soll. „Das Bestreben, die Bundeswehr zu einem attraktiven Arbeitgeber zu machen, muss ein selbstverständlicher Bestandteil der Organisationskultur und des Dienstalltags werden."[196] Demgegenüber stellt die Berufsorientierung für junge Erwachsenen eine große Herausforderung dar, bei der sie Unterstützung benötigen. Deswegen sollten sich Arbeitgeber in der Phase der Berufsorientierung mit Personalmarketingmaßnahmen einbringen und diese an den damit verbundenen Informationsbedürfnissen ausrichten.

Für das Personalmarketing leitet sich damit als Konsequenz ab, in allen Bereichen von Social Media präsent zu sein, um die Zielgruppe der jungen Erwachsenen, die sich dort aufhält, austauscht und informiert, auch dort abholen zu können.

---

[194] Vgl. Kirchgeorg, S. 80.
[195] Vgl. Buhlmann, S. 45.
[196] Vgl. Buhlmann, S. 53.

Fragebogen Social Media

Sehr geehrte Damen und Herren,

am heutigen Tage darf ich Sie hier im Karriere-Center der Bundeswehr München herzlich begrüßen und wünschen Ihnen schon einmal vorab für das bevorstehende Eignungsfeststellungsverfahren viel Erfolg.

Da die Bundeswehr einen erheblichen Personalbedarf hat und auf der Suche nach jungen Führungskräften die bereitgestellten Informationen möglichst zielgerichtet verbreiten möchte, darf ich Sie bitten, sich für die Belange des Personalmarketings der Bundeswehr ein paar Minuten Zeit zu nehmen.

Für den Austausch von Informationen kommt heutzutage dem Internet eine gewichtige Rolle zu, Social Media Plattformen, wie Facebook oder YouTube spielen dabei eine exponierte Rolle. Da sich die Bundeswehr auf diese Entwicklungen einstellen möchte, darf ich Sie auf den folgenden Fragebogen verweisen und hoffe auf Ihre Mithilfe, um bei künftigen Personalmarketingmaßnahmen noch besser mit unserer Zielgruppe in Kontakt treten zu können.

Der Fragebogen soll Aufschluss darüber geben, inwieweit Sie die o.g. Social Media Plattformen im Rahmen Ihrer eigenen Berufsorientierung nutzen.

Der Zeitaufwand hierfür beträgt etwa **10-15 Minuten**.

Die Teilnahme an dieser Befragung ist freiwillig und es gibt keine falschen oder richtigen Antworten.

Die Beantwortung und Auswertung des Fragebogens erfolgt anonym, Rückschlüsse auf Ihre Person können nicht gezogen werden.

Ich bedanke mich für Ihre Unterstützung und wünsche Ihnen nochmals viel Erfolg für das Eignungsfeststellungsverfahren.

1. Allgemeine Angaben

Bitte kreuzen sie entsprechend ☒ an oder ergänzen die Angaben handschriftlich.

1.1 Geschlecht: männlich ☐   weiblich ☐

1.2 Alter:

1.3. Angestrebter oder absolvierter Schulabschluss:

Allgemeine Hochschulreife   ☐

Fachgebundene Hochschulreife   ☐

Fachhochschulreife   ☐

Mittlere Reife   ☐

1.4 Derzeit besuche ich folgende Klassenstufe:

11. Klasse   ☐

12. Klasse (letztes Schuljahr)   ☐

12. Klasse (13. Folgt noch)   ☐

13. Klasse   ☐

Schulabschluss bereits erworben   ☐

2. Allgemeine Angaben zur Nutzung von Social Media Plattformen

Bitte kreuzen sie entsprechend an ⊠ oder ergänzen die Angaben handschriftlich.

2.1 Welche Social Media Plattformen nutzen Sie?

Facebook ☐

Twitter ☐

VZ-Netzwerke ☐

Wer-kennt-wen.de ☐

XING ☐

Wikipedia ☐

Videoplattformen (z.B. YouTube) ☐

Bewertungsplattformen ☐

Sonstige

2.2 Wie oft nutzen Sie Social Media Plattformen

Täglich	mehrmals Pro Woche	einmal pro Woche	einmal pro Monat	nie
☐	☐	☐	☐	☐

2.3. Wie viel Zeit verbringen Sie pro Woche auf Social Media Plattformen für die aufgeführten Zwecke?

	4-7 Std.	2-4 Std.	<1 Std.	nie
Kontakte verwalten	☐	☐	☐	☐
Meinungsaustausch	☐	☐	☐	☐
Informationsbeschaffung	☐	☐	☐	☐
Spaß	☐	☐	☐	☐

3. Nutzung von Social Media Plattformen zur Berufsorientierung

Bitte kreuzen sie entsprechend an ☒ oder ergänzen die Angaben handschriftlich.

3.1 Welche Social Media Plattformen nutzen Sie, um sich über ihre berufliche Zukunft zu orientieren?

Facebook ☐
Twitter ☐
VZ-Netzwerke ☐
Wer-kennt-wen.de ☐
XING ☐
Wikipedia ☐
Videoplattformen (z.B. YouTube) ☐
Bewertungsplattformen ☐
Sonstige

3.2 Wenn Sie sich auf Social Media Plattformen über Ihre berufliche Zukunft informieren, beschränken Sie sich nur auf das Lesen von Inhalten?

trifft voll zu	trifft eher zu	teils/teils	trifft eher nicht zu	trifft nicht zu
☐	☐	☐	☐	☐

3.3 Auf Social Media Plattformen tausche ich mich über berufliche Themen aus?

trifft voll zu	trifft eher zu	teils/teils	trifft eher nicht zu	trifft nicht zu
☐	☐	☐	☐	☐

3.4 Auf Social Media Plattformen habe ich mich schon einmal konkrete Informationen eingeholt.

trifft voll zu	trifft eher zu	teils/teils	trifft eher nicht zu	trifft nicht zu
☐	☐	☐	☐	☐

3.5 Auf Social Media Plattformen habe ich mich schon einmal **zufällig** Informationen über berufliche Themen informiert.

trifft voll zu	trifft eher zu	teils/teils	trifft eher nicht zu	trifft nicht zu
☐	☐	☐	☐	☐

3.6 Auf Social Media Plattformen habe ich schon einmal **gezielt** Informationen über berufliche Themen eingeholt.

trifft voll zu	trifft eher zu	teils/teils	trifft eher nicht zu	trifft nicht zu
☐	☐	☐	☐	☐

3.7 Aufbauend auf Frage 3.6 – Wenn ich auf Social Media Plattformen gezielt Informationen eingeholt habe, dann möchte ich auch direkt angesprochen werden.

trifft voll zu	trifft eher zu	teils/teils	trifft eher nicht zu	trifft nicht zu
☐	☐	☐	☐	☐

3.8 Mich stört es **nicht**, wenn ich bei der Informationseinholung direkt angesprochen werde.

trifft voll zu	trifft eher zu	teils/teils	trifft eher nicht zu	trifft nicht zu
☐	☐	☐	☐	☐

4. Informationsquellen zur Berufsorientierung

Bitte kreuzen sie entsprechend an ⊠ oder ergänzen die Angaben handschriftlich.

4.1 Folgende Informationsquellen nutze ich für meine berufliche
    Orientierung:

	trifft voll zu	trifft eher zu	teils /teils	trifft eher nicht zu	trifft nicht zu
Persönliche Gespräche	☐	☐	☐	☐	☐
Social Media Plattformen	☐	☐	☐	☐	☐
Internet Allgemein	☐	☐	☐	☐	☐
Messen	☐	☐	☐	☐	☐
Praktika	☐	☐	☐	☐	☐
Berufsberatung AA	☐	☐	☐	☐	☐
Bücher	☐	☐	☐	☐	☐
Sonstiges	☐	☐	☐	☐	☐

4.2 Folgende Informationsquellen nutze ich **innerhalb von Social Media Plattformen** für meine berufliche Orientierung:

	trifft voll zu	trifft eher zu	teils/ teils	trifft eher nicht zu	trifft nicht zu
Familie	☐	☐	☐	☐	☐
Freunde	☐	☐	☐	☐	☐
Bekannte Nutzer	☐	☐	☐	☐	☐
Unbekannt Nutzer	☐	☐	☐	☐	☐
Ausbildungseinrichtungen	☐	☐	☐	☐	☐
Arbeitgeber	☐	☐	☐	☐	☐
Presse	☐	☐	☐	☐	☐
Sonstiges	☐	☐	☐	☐	☐

5. Themen der Berufsorientierung auf Social Media Plattformen

Bitte kreuzen sie entsprechend an ⊠ oder ergänzen die Angaben handschriftlich.

5.1 Im Rahmen meiner beruflichen Orientierung **innerhalb von Social Media Plattformen** informiere ich mich besonders über folgende Themen:

	trifft voll zu	trifft eher zu	teils /teils	trifft eher nicht zu	trifft nicht zu
Image des Arbeitgebers	☐	☐	☐	☐	☐
Karrieremöglichkeiten	☐	☐	☐	☐	☐
Arbeitsplatzsicherheit	☐	☐	☐	☐	☐
Finanzielle Aspekte	☐	☐	☐	☐	☐
Bewerbungsprozess	☐	☐	☐	☐	☐
Tätigkeitsbereiche	☐	☐	☐	☐	☐
Work-Life-Balance	☐	☐	☐	☐	☐
Sonstiges	☐	☐	☐	☐	☐

5.2 Folgende Themen auf Social Media Plattformen haben mein Interesse für bestimmte Beruf geweckt:

Image des Arbeitgebers	☐	Bewerbungsprozess	☐
Tätigkeitsbereiche	☐	Karrieremöglichkeiten	☐
Work-Life-Balance	☐	Arbeitsplatzsicherheit	☐
Finanzielle Aspekte	☐	Sonstiges	☐

5.3 **Innerhalb von Social Media Plattformen** habe ich bisher immer alle Inhalte gefunden, die ich für eine Bewerbung um einen konkreten Praktikums-/ Ausbildungs-7 Studienplatz benötige.

trifft voll zu zu	trifft eher zu	teils/teils	trifft eher nicht zu	trifft nicht
☐	☐	☐	☐	☐

5.4 Wenn mein Wunschberuf feststeht, äußere ich mich auch selbst **innerhalb von Social Media Plattformen** zu oben genannten beruflichen Themen.

trifft voll zu zu	trifft eher zu	teils/teils	trifft eher nicht zu	trifft nicht
☐	☐	☐	☐	☐

6. Formen der Bereitstellung von Informationen auf Social Media Plattformen

Bitte kreuzen sie entsprechend an ⊠.

6.1 Innerhalb von Social Media Plattformen nutze ich für **allgemeine Inhalte** folgende Formen der Bereitstellung von Informationen:

Weiterführende Links	☐	Stellenangebote ☐
Werbebanner / Pop Ups	☐	Chats ☐
Videos / Fotos	☐	Bewertungen (z.B. „Gefällt mir") ☐
Spiele	☐	Kommentare ☐
Downloads	☐	**KEINE** der aufgeführten ☐

6.2 Innerhalb von Social Media Plattformen nutze ich für **berufliche Inhalte** folgende Formen der Bereitstellung von Informationen:

	trifft voll zu	trifft eher zu	teils/ teils	trifft eher nicht zu	trifft nicht zu
Werbebanner / Pop Ups	☐	☐	☐	☐	☐
Weiterführende Links	☐	☐	☐	☐	☐
Stellenangebote	☐	☐	☐	☐	☐
Videos / Fotos	☐	☐	☐	☐	☐
Spiele	☐	☐	☐	☐	☐
Downloads	☐	☐	☐	☐	☐
Chats	☐	☐	☐	☐	☐
Bewertungen	☐	☐	☐	☐	☐
Kommentare	☐	☐	☐	☐	☐
KEINE der aufgeführten	☐				

Vielen Dank für Ihre Mithilfe!

Anlage 2 – Auswertung des Fragebogens[197]

In dieser Anlage werden alle Fragen, welche nicht in der Arbeit grafisch aufbereitet wurden, aufgeführt.

Frage 1.1 und 1.2

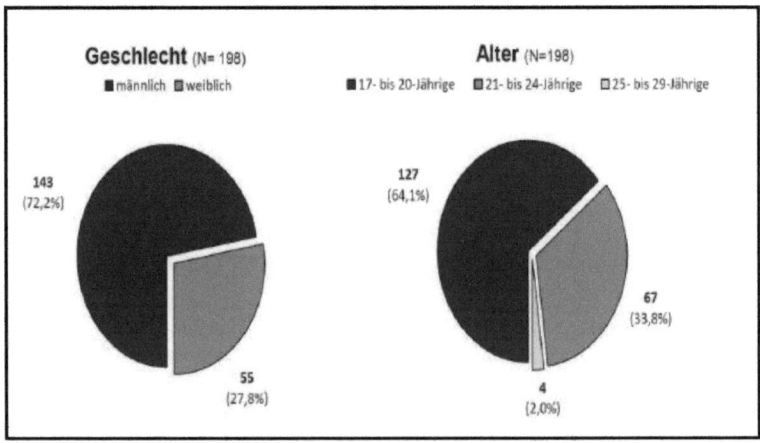

Abbildung 35 – Auswertung Frage 1.2

Frage 1.3

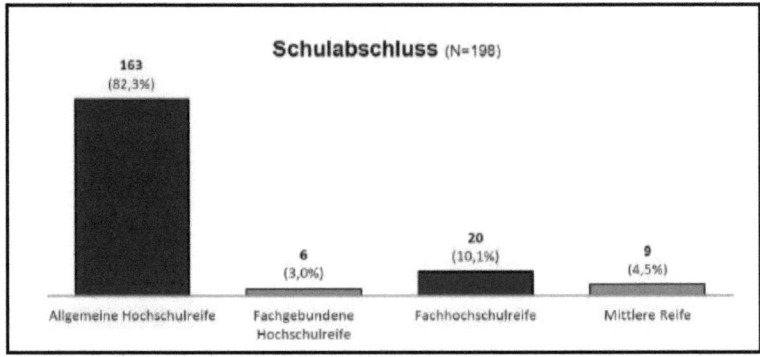

Abbildung 36 – Auswertung der Frage 1.3

---

[197] Eigenen Darstellungen auf Grund der Auswertungen des Fragebogens

Frage 1.4

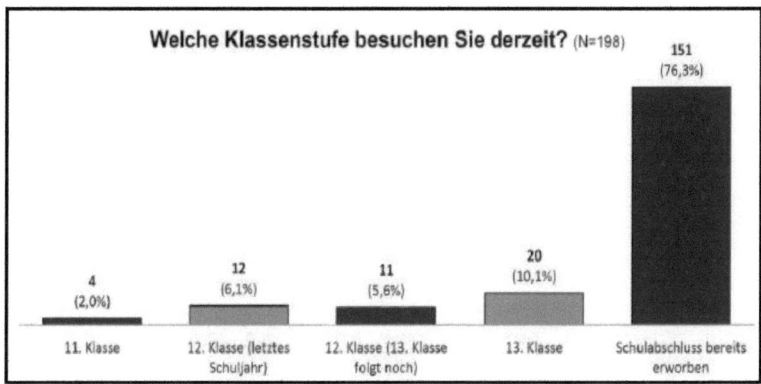

Abbildung 37 – Auswertung der Frage 1.4

Frage 2.2

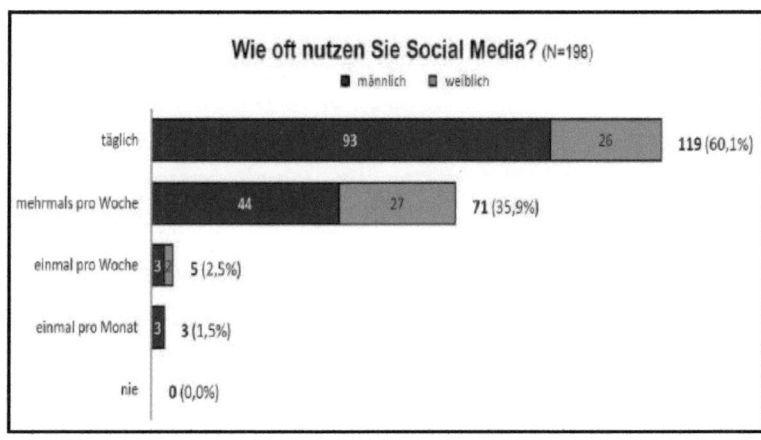

Abbildung 38 – Auswertung der Frage 2.2

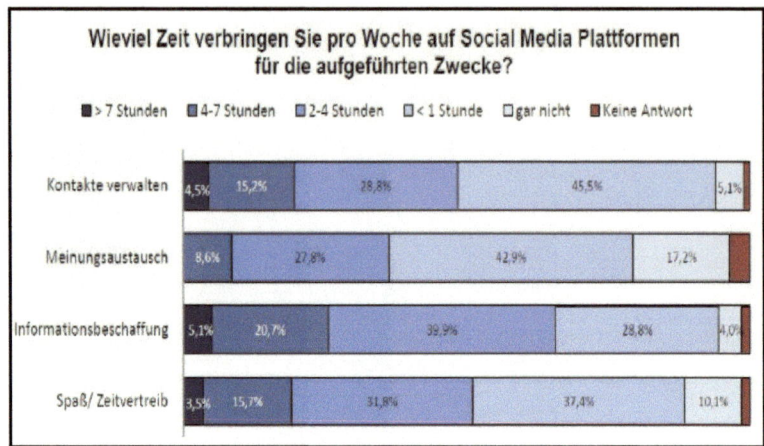

Abbildung 39 – Auswertung der Frage 2.3

Fragen 3.2 – 3.8

3.2 Wenn Sie sich auf Social Media Plattformen über Ihre berufliche Zukunft informieren, beschränken Sie sich nur auf das Lesen von Inhalten?

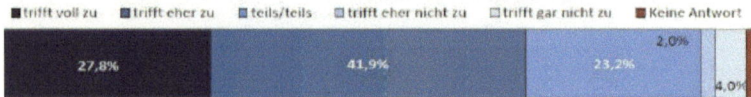

3.3 Auf Social Media Plattformen tausche ich mich über berufliche Themen aus?

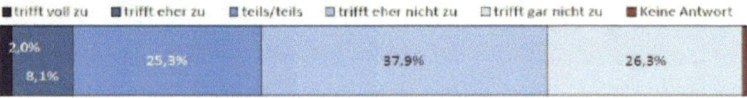

3.4 Auf Social Media Plattformen habe ich mich schon einmal konkrete Informationen eingeholt.

3.5 Auf Social Media Plattformen habe ich mich schon einmal **zufällig** Informationen über berufliche Themen informiert.

3.6 Auf Social Media Plattformen habe ich schon einmal **gezielt** Informationen über berufliche Themen eingeholt.

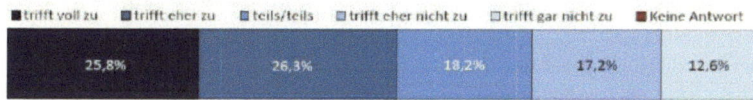

3.7 Aufbauend auf Frage 3.6 – Wenn ich auf Social Media Plattformen gezielt Informationen eingeholt habe, dann möchte ich auch direkt angesprochen werden.

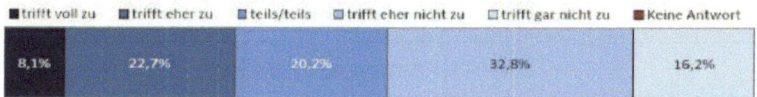

3.8 Mich stört es **nicht**, wenn ich bei der Informationseinholung direkt angesprochen werde.

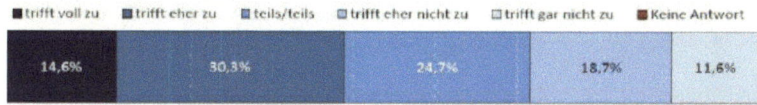

Abbildung 40 – Auswertung der Fragen 3.2 – 3.8

Frage 4.1

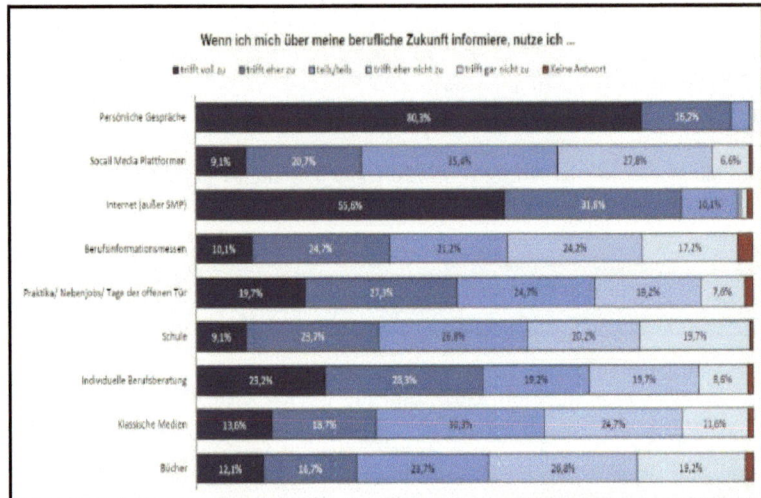

Abbildung 41 – Auswertung der Frage 4.1

Frage 5.1

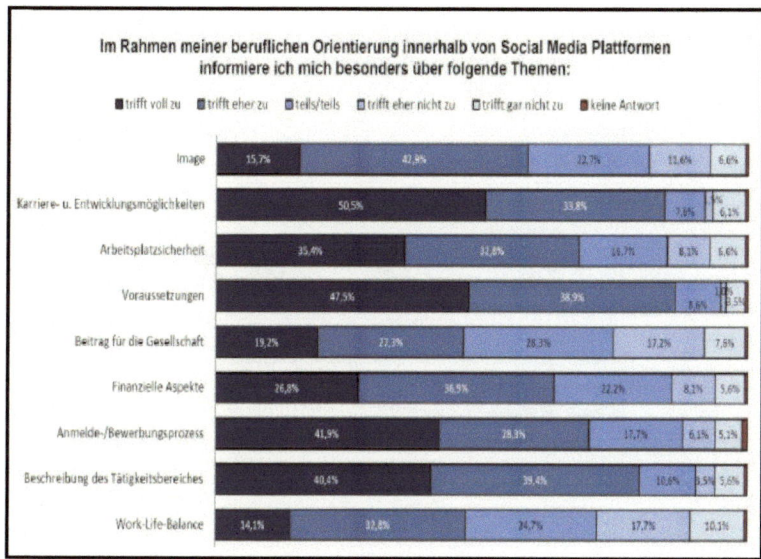

Abbildung 42 – Auswertung der Frage 5.1

Frage 5.2

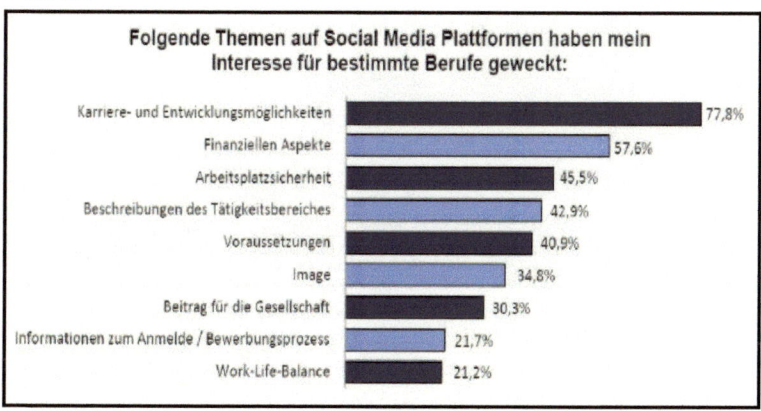

Abbildung 43 – Auswertung der Frage 5.2

Frage 5.3

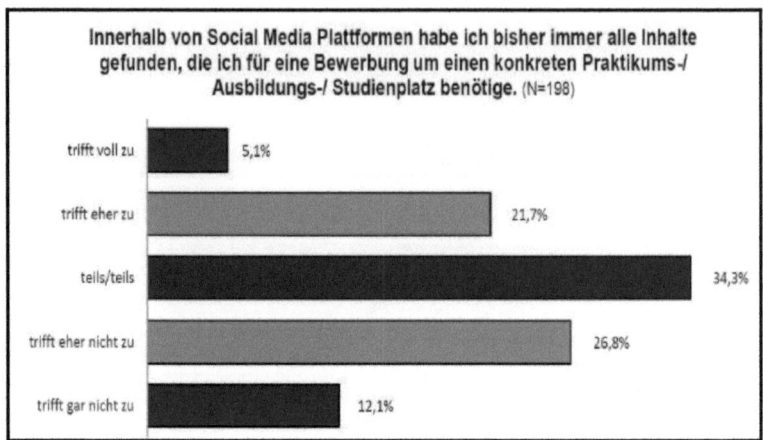

Abbildung 44 – Auswertung der Frage 5.3

Frage 5.4

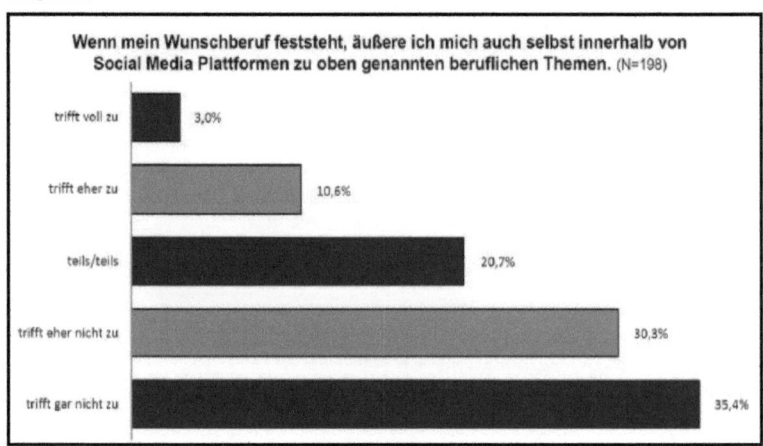

Abbildung 45 – Auswertung der Frage 5.4

Frage 6.1

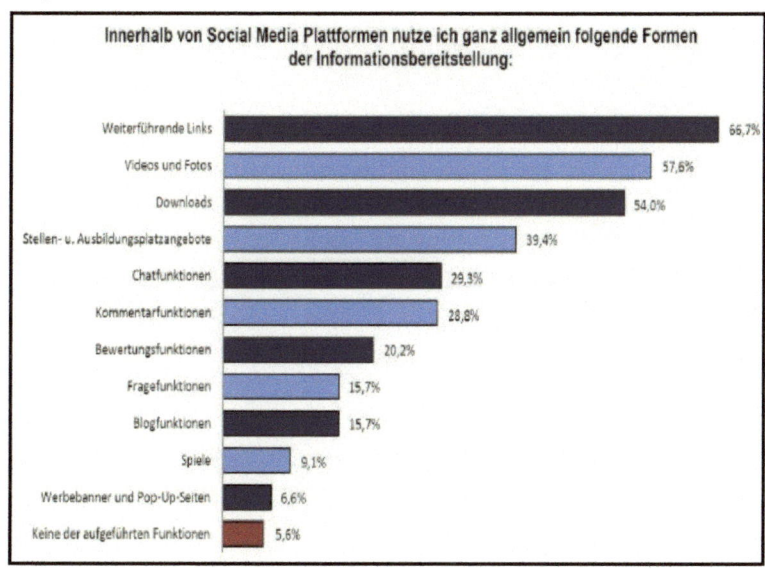

Abbildung 46 – Auswertung der Frage 6.1

Frage 6.2

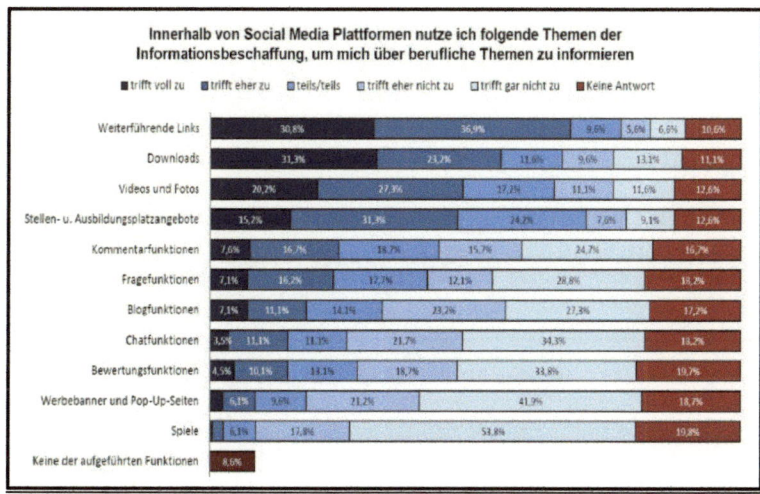

Abbildung 47 – Auswertung der Frage 6.2

Anlage 3 – Auswertung der offenen Fragen

	2.1) Welche Social Media Plattformen nutzen Sie?
Nr.	Antwort (Item "Sonstige")
34	google+
49	google+
62	"Sprachen lernen foren"
93	google+
141	ICQ; MSN; Skype
143	google+
167	google+

	3.1) Welche Social Media Plattformen nutzen Sie, um sich über ihre berufliche Zukunft zu informieren?
Nr.	Antwort (Item "Sonstige")
3	Google
9	bundeswehr.de
15	Fachseiten
17	Google
25	Google
38	Berichte im TV, im Netz; Infos verschiedener Unternehmen im Netz
88	Google
98	bundeswehr.de
117	Homepage der Organisation
119	Unternehmens-Internetseiten
120	bundeswehr.de
124	Google
132	Homepage der entsprechenden Firmen/ Arbeitgeber
138	arbeitsamt.de/berufe; Internetseiten der Unis
156	Google
159	Seiten der Universitäten
182	Erfahrungsberichte bei Google
183	Google

	4.1) Wenn ich mich über meine berufliche Zukunft informiere, nutze ich folgende Quellen:
Nr.	Antwort (Item "Sonstiges")
58	Informationsabende
59	Kollegen
141	Kollegen

	4.2) Folgende Informationsquellen innerhalb von Social Media Plattformen nutze ich für meine berufliche Orientierung:
Nr.	Antwort (Item "Sonstiges")
36	Arbeitnehmer

Abbildung 48 – Auswertung der offenen Fragen

Literaturverzeichnis

Alby, T.:

Web 2.0: Konzepte, Anwendungen, Technologien, 3.,
überarbeitete Auflage, München, 2008

Beck, C.:

Personalmarketing 2.0: Personalmarketing in der nächsten
Stufe ist Präferenzmanagement, in: Beck, C. (Hrsg.): Personalmarketing 2.0:
Vom Employer Branding zum Recruiting, Köln 2008, S. 9-56

Beinke, L.:

Berufsorientierung und peer-groups [...], 1. Auflage, Bock Verlag,
Bad Honnef, 2004

Bernauer, D; Hesse, G.; Laick, S.; Schmitz, B.:

Social Media im Personalmarketing, 1. Auflage, Luchterhand Verlag, Köln, 2008

Bundesministerium der Verteidigung (2003):

Richtlinien „Werbung für den freiwilligen Dienst in den Streitkräften" -
Nachwuchswerbung (mil) -, in: Bundesministerium der Verteidigung (Hrsg.):
Ministerialblatt des Bundesministers der Verteidigung (VMBl) 2003, Nr. 7,
S. 133-136

Bundesministerium der Verteidigung (2011):

Powerpoint Präsentation: Personalgewinnung für die Streitkräfte – eine
gemeinsame strategische Aufgabe, Bonn 2011

Bundesministerium der Verteidigung (Hrsg.):

Weißbuch 2006 zur Sicherheitspolitik Deutschlands und zur Zukunft der
Bundeswehr. Berlin 2006.

Bundesministerium der Verteidigung (Hrsg.):

Weißbuch 2007 zur Sicherheitspolitik Deutschlands und zur Zukunft der Bundeswehr. Berlin 2007.

Bulmahn, T.:

Berufswahl Jugendlicher und Interesse an einer Berufstätigkeit bei der Bundeswehr: Ergebnisse der Jugendstudie 2006 des Sozialwissenschaftlichen Instituts der Bundeswehr, Strausberg 2007

Busshoff, L.:

Berufswahl. Theorien und Bedeutung für die Praxis der Berufsberatung, 2. neubearb. Auflage 1998, Kohlhammer Verlag, Stuttgart, 1998

Fend, H.:

Entwicklungspsychologie des Jugendalters, 3. Auflage, VS-Verlag, Wiesbaden, 2003

Felser, G.:

Personalmarketing: Praxis der Personalpsychologie, Verlag Hogrefe, Göttingen, 2010

Grabs, A.; Bannour, K.-P.:

Follow Me!: Social Media Marketing mit Facebook [...] und Co, 1. Auflage, Galileo Computing Verlag, 2011

Hagen, A.:

Personalmarketing, 1. Auflage, Europäischer Hochschulverlag, Bremen 2011

Hermann, A.:

Personalmarketing – Rekrutierung von Nachwuchskräften in deutschen Unternehmen, 1. Auflage 2011, Europäischer Hochschulverlage, Bremen, in: Wismarer Schriften zu Management und Recht (Band 60)

Kaplan, A., Haenlein, M.:

Users of the world, unite! The challenges and opportunities of Social Media

Business Horizon Verlag 2010

Keller, M.:

Fachlexikon für das Human Ressource Management,

Zürich 2009

Kirchgeorg, M.:

Personalmarketing als Schlüssel, in: Handbuch strategisches Personalmanagement, Gabler Verlag, Wiesbaden, 2011

Moser, K.:

Personalmarketing: Eine Einführung, Quintessenz Verlag, München, 1992

Nencheva, K.

Personalmarketing im Human Ressource Management; 1. Auflage,

Diplomica-Verlag, 2010

Rumler, A.:

Marketing für mittelständische Unternehmen, 1. Auflage, SPC TEIA Lehrbuch

Verlag, Berlin, 2002

Schuhmacher, F.; Geschwill, R.:

Employer Branding – Human Ressource

Management für die Unternehmensführung, Wiesbaden 2009

Springer, J.:

Personalmanagement: Lehreinheit 02, RWTH Aachen,

Stein, V., von der Oelsnitz, D.:

Professionelle Personalentwicklung im

War for Talents, in: Schwuchow, K. u. Gutmann, J. (Hrsg.): Jahrbuch Personalentwicklung 2009, Köln 2009, S. 209-215

Trost, A.:

Employer Branding: Arbeitgeber positionieren und präsentieren, 1. Auflage, Luchterhand Verlag Köln, 2009

Weinberg, T.:

Social Media Marketing, Strategien für Twitter, Facebook & Co,

1. Auflage 2010, O'Reilly Verlag, Köln, 2010

Wunderer, R. (1995):

Innovatives Personalmanagement, Luchterhand Verlag, Neuwied, 1994

Wunderer, R. (1999):

Umsetzungskompetenz, 1. Auflage, Vahlen Verlag, Neuwied, 1999

Internetquellen:

Abfrage YouTube Video Nutzer Oktober 2009 – Mai 2013

Abruf unter:

http://de.statista.com/statistik/daten/studie/39174/umfrage/entwicklung-der-anzahl-views-pro-tag-auf-youtube-zeitreihe/

(Stand: Mai 2013, Abruf am 27.05.2013)

Artikel Freiwilliger Wehrdienst in „Die Zeit"

Abruf unter:

http://www.zeit.de/news-062011/30/iptc-bdt-20110630-76-31170608xml

(Stand: 30.06.2011, Abruf am 25.05.2013)

Basisstudie zum Medienumgang 12- bis 19-Jähriger in Deutschland

Abruf unter: http://www.mpfs.de/fileadmin/JIM-pdf12/JIM2012_Endversion.pdf,

(Stand: November 2012, Abruf am 15.05.2013)

BITKOM Trendreport - Personal

Abruf unter: http://www.bitkom.org/67820_67810.aspx

(Stand: 02.05.2011, Abruf am 27.05.2013)

Bundesministerium der Verteidigung (2011):

Maßnahmenpaket zur Steigerung der Attraktivität des Dienstes in der Bundeswehr,

Abruf unter:: http://trimr.de/183k

(Stand: 03.07.2011, Abruf am 21.05.2013)

Bundesministerium der Verteidigung (2012):

Freiwilliger Wehrdienst: Bewerberzahlen über den Erwartungen,

Abruf unter:: http://trimr.de/18qP

(Stand: 20.01.2012, Abruf am 22.05.2013)

Bundesministerium der Verteidigung – Neue Wege bei der Personalgewinnung

Abruf unter:

http://www.bmvg.de/portal/a/bmvg/!ut/p/c4/NYuxDsIwDET_yE4GVMRG6cKG
QALaLW2jyKhxKuOUhY8nGbiT3nBPhwOWstsoOKXEbsEn9hMdxg-
McQvwSlnKCpGY3uqFcsRH_cwepsReK9WzUmEQp0lgTaJLNVmkGKAZe2O
71ljzj_3ub8PpfmmaXXdur7jGePwB5EHw-A!!/

(Stand: 03.04.2012, Abruf am 22.05.2012)

Bundesverband Digitale Wirtschaft (BVDW) e.V.:

Social Media Kompass 2013, Düsseldorf 2013

Abruf unter:

http://www.bvdw.org/medien/social-media-richtlinie-zur-
medientypeinteilung?media=4708

(Stand: 18.04.2013, Abruf am 16.05.2013)

Bundeswehr-Karrierevideo bei YouTube

Abruf unter: http://www.youtube.com/watch?v=y3L_F5Zqkkc

(Stand: 17.09.2010, Abruf am 27.05.2013)

CultureMap LinkedIn

Abruf unter: http://press.linkedin.com/culture

(Stand: 2013, Abruf am 31.05.2013)

Diehl, A. (2010):

Social Media im Ausbildungsmarkt, in: Social Media Magazin, Nr. 03/2010, S.
33-37 –

Abruf unter:

http://www.social-media-magazin.de/index.php/inhalt/social-media-im-
ausbildungsmarkt.html

(Stand: 2012, Abruf am 15.05.2013)

Die Organisationsstruktur der Bundeswehr

Abruf unter:

http://www.bmvg.de/portal/a/bmvg/!ut/p/c4/HYtBDoAgDMDe4ge2uzd_oV7MM
EIWYBBg-
H2R9NgWTxwIdXbUOAkF3PG4eTUvmNgdRBau7SmsEUitIb2siv9bSMXRsH
OsOZBg9tvyAQuzF9c!/

(Stand: 14.08.2012, Abruf am 21.05.2013)

Die Stärke der Streitkräfte

Abruf unter:

http://www.bundeswehr.de/portal/a/bwde/streitkraefte/grundlagen/staerke/

(Stand: 08.05.2013, Abruf am 21.05.2013)

Döhle, Patricia

Abruf unter: http://www.brandeins.de/magazin/transparenz/blick-in-die-bilanz-
blase-na-und.html

(Stand: Juli 2011, Abruf am 31.05.2013)

Coyle, D., Doherty, G., Matthews, M., Sharry, J.,

Computers in Talk-Based Mental Health Interventions,

Interacting with Computers (2007),

Abruf unter: 10.1016/j.intcom.2007.02.001

(Stand: 07.02.2007, Abruf am 25.05.2013)

Einzelplan 14 – Bundeshaushalt 2011

Abruf unter:

http://www.bundesfinanzministerium.de/bundeshaushalt2012/pdf/2011/epl14.pdf

(Stand:2011, Abruf am 21.05.2013)

Eder, M.; Frickenschmidt, S.:

Erst denken dann handeln, In: Personalwirtschaft 2010, Heft 12,

Abruf unter:

http://www.mwonline.de/online/journalartikel/16357/Erst+denken%2C+dann+han
deln/S%F6ren+Frickenschmidt+++Michael+Eger.html

(Stand: November 2010, Abruf am 27.05.2013)

Expertise des Sachverständigenrates 2011

Abruf unter:

http://www.sachverstaendigenrat-
wirtschaft.de/fileadmin/dateiablage/Expertisen/2011/expertise_2011-
demografischer-wandel.pdf

Abruf unter:

http://www.sachverstaendigenrat-wirtschaft.de/aktuellesjahrsgutachten0.html

(Stand: Mai 2011, Abruf am 15.05.2013)

Facebook Key Facts

Abruf unter: https://newsroom.fb.com/Key-Facts

(Stand: 31.03.2013, Abruf am 29.05.2013)

Facebook Nutzerdaten Weltweit

Abruf unter: http://www.allfacebook.de/userdata/?period=1month

(Stand: Mai 2013, Abruf am 29.05.2013)

Facebook Nutzerdaten Deutschland

Abruf unter: http://www.allfacebook.de/userdata/deutschland?period=1month

(Stand: Mai 2013, Abruf am 29.05.2013)

Facebook Orte

Abruf unter: https://www.facebook.com/about/location

(Stand: 2013, Abruf am 29.05.2013)

Facebook Plugin

Abruf unter: http://developers.facebook.com/docs/

(Stand: 2013, Abruf am 29.05.2013)

Flickr Auftritt der Bundeswehr

Abruf unter: www.flickr.com/photos/augustinfotos

(Stand: 2013, Abruf am 04.06.2013)

Forschungsbericht 93

Abruf unter:

http://www.mgfa.de/html/einsatzunterstuetzung/downloads/forschungsbericht93.p
df

(Stand: 2011, Abruf am 23.05.2013)

Geräte-Ausstattung im Haushalt 2012 (Deutschland)

Abruf unter: http://www.mpfs.de/index.php?id=537

(Stand: 2012, Abruf am 21.05.2013)

Grundlagen der Streitkräfte

Abruf unter:

http://www.bundeswehr.de/portal/a/bwde/streitkraefte/grundlagen/staerke/

(Stand 12.04.2013, abgerufen am 07.05.2013)

Infoartikel Auftragserteilung Zenithmedia

Abruf unter: http://www.wuv.de/medien/zenithmedia_gewinnt_bundeswehr_etat

(Stand: 15.12.2008, Abruf am 04.06.2013)

Interview Hauptmann K.

Abruf   unter: http://personalmarketing2null.de/2011/09/30/senkrechtstarter-
bundeswehr-erfolgreiches-personalmarketing-im-social-web/

(Stand: 30.11.2011, Abruf am 04.06.2013)

Karriere Fanpage Facebook Deutschland

Abruf unter: https://apps.facebook.com/karriere-pages/

(Stand: 01.06.2013, Abruf am 04.06.2013)

Karriere Fanpage Polizei Niedersachsen

Abruf unter: https://www.facebook.com/Polizei.Niedersachsen.Karriere

(Stand: 04.06.2013, Abruf am 04.06.2013)

Kempf, Prof. D.; von Pappenheim, J.
Social Media Guidelines DATEV
In: Viele Chancen, aber auch gewisse Risiken
Abruf unter: http://www.datev.de/portal/ShowPage.do?pid=dpi&nid=108315
(Stand: 2013, Abruf am 04.06.2013)

Kleine Anfrage der Abgeordneten Ulla Jelpke [...] – DIE LINKE (2011):
Umfang der Werbemaßnahmen der Bundeswehr im Jahr 2011
Abruf unter:
http://www.bundeswehr-
monitoring.de/fileadmin/user_upload/media/BT1709501.pdf.
(Stand: 27.04.2012, Abruf am 21.05.2013)

Knabenreich, H.:
Personalmarketing 2.0 – Social Recruiting,
in: Kununu Blog Jobsuche über Facebook
Abruf unter:
http://blog.kununu.com/2012/06/social-recruiting-teil-2-facebook-als-tool-zur-
jobsuche/
(Stand: 28.05.2013, Abruf am 04.06.2013)

Köster, A.:
Risiken der Social Media Nutzung in der Unternehmenskommunikation
In: Online Investor Relations
Abruf   unter: http://www.online-investorrelations.de/2011/07/07/risiken-der-
social-media-nutzung-in-der-unternehmenskommunikation/
(Stand: 07.07.2011, Abruf am 04.06.2013)

Kreß, J.:
Zum Funktionswandel des Sozialraums durch das Internet
Abruf unter:
http://sozialraum.de/zum-funktionswandel-des-sozialraums-durch-das-
internet.php
(Stand: 2012, Abruf am 25.05.2013)

Porsche-Karriereseite

Abruf unter: http://www.porsche.com/germany/aboutporsche/jobs/yourentry/

(Stand: 25.02.2013, abgerufen am 08.05.2013)

Portal der Rechtsreferendare

Abruf unter:

http://www.referendare.net/news.php?news=1064&lit_tipp=197&seite_rnews=6

(Stand: 16.03.2009, Abruf am 15.05.2013)

Pressemitteilung 38/11 BMVg

Abruf unter: http://trimr.de/18EF

(Stand 02.08.2011, Abruf am: 04.06.2013)

PressMap LinkedIn

Abruf unter: http://press.linkedin.com/about

(Stand: März 2013, Abruf am 31.05.2013)

Rede des Bundesministers der Verteidigung

Die Neuausrichtung der Bundeswehr: Rede des Bundesministers der Verteidigung,

Dr. Thomas de Maizière

Abruf unter: URL: http://trimr.de/18q1

(Stand: 08.05.2011, Abruf am 21.05.2013)

Rede des Bundespräsidenten Köhler an der Führungsakademie Hamburg

Abruf unter:

http://www.bundespraesident.de/SharedDocs/Reden/DE/Horst-Koehler/Reden/2007/09/20070914_Rede.html

(Stand: 14.09.2011, Abruf am 07.05.2013)

Sachverständigenrat

Abruf unter: http://www.sachverstaendigenrat-wirtschaft.de/index.html

(Stand: 2013, Abruf am 05.05.2013)

Schülerbarometer 2012

Abruf unter: https://www.schuelerbarometer.de/arbeitgeber/ranking.html

(Stand: 2012, Abruf am 22.05.2013)

Social Media Guidelines BITKOM 2010

Abruf unter:

https://www.sicher-im-netz.de/files/documents/unternehmen/BITKOM-
SocialMediaGuidelines.pdf

(Stand: 2010, Abruf am 04.06.2013)

Social Media Prisma

Abruf unter: http://www.ethority.de/our-universe/community.html

(Stand: 2012, abgerufen am 17.05.2013)

Startseite der Bundeswehr bei YouTube

Abruf unter: http://www.youtube.com/user/Bundeswehr?feature=watch

(Stand: 27.05.2013, Abruf am 27.05.2013)

Startseite Bundeswehr-Karriere

Abruf unter: http://www.bundeswehr-karriere.de/portal/a/bwkarriere

(Stand: 18.04.2013, abgerufen am 08.05.2013)

Startseite Eignungstest Bundeswehr

Abruf unter:

http://mil.bundeswehr-
karriere.de/portal/a/milkarriere/!ut/p/c4/DcVBDoAgDATAt_gBevfmL9RbMRvcg
NUUlO9L5jCyy2D6MWnjbVpkle3gHHu4WLK6E47A0xHR4fG1FMBk49pQmz
x5mX44kqPr/

(Stand: 08.08.2012, abgerufen am 09.05.2013)

Startseite Karriere BMF

Abruf unter:

http://www.bundesfinanzministerium.de/Web/DE/Ministerium/Arbeiten_im_Mini
sterium/arbeiten_im_ministerium.html

(Stand: 17.02.2013, abgerufen am 09.05.2013)

Startseite LinkedIn

Abruf unter: https://www.linkedin.com/nhome/

(Stand: Mai 2013, Abruf am 31.05.2013)

Startseite Zentrum für Sozialwissenschaften der Bundeswehr

Abruf unter:

http://www.kommando.streitkraeftebasis.de/portal/a/kdoskb/!ut/p/c4/04_SB8K8x
LLM9MSSzPy8xBz9CP3I5EyrpHK94uyk-
OyUfL3y1MySlOKS4hK9qtzipHL9gmxHRQAR4-o9/

(Stand: 10.01.2013, abgerufen am 08.05.2013)

Statista Top 10 Netzwerke

Abruf unter: http://de.statista.com/themen/138/facebook/infografik/907/top-10-
der-sozialen-netzwerke-in-deutschland/

(Stand: 15.02.2013, Abruf am 04.06.2013)

Statista XING

Abruf unter: http://de.statista.com/statistik/daten/studie/13587/umfrage/anzahl-
der-mitglieder-des-social-network-xing-seit-2006/

(Stand: Mai 2013, Abruf am 29.05.2013)

Statistik XING-Deutschland

Abruf unter: http://meedia.de/internet/die-top-20-der-sozialen-netzwerke-in-
deutschland/2013/04/26.html

(Stand: März 2013, Abruf am 29.05.2013)

Statista XING Nutzen

Abruf unter: http://de.statista.com/statistik/daten/studie/153367/umfrage/umfrage-zur-nuetzlichkeit-der-social-media-plattform-xing/

(Stand August 2010, Abruf am 29.05.2013)

Streitkräfte Bundeswehr

Abruf unter:

http://www.bundeswehr.de/portal/a/bwde/!ut/p/c4/NYqxDoJAEET_6JaLJhA6DB htlE6xW2AlG-COrKs0fLx3BTPJK-YNvCDU4Y8HVPYOJ3hC03HerqZdezIfFWIdBemtBI_4DmvnHWmkklMOHA TVi1m86BTNVyQYwz00iS1PNk322C071FV5SbPj9Xa-wzLPxR80QKwS/

(Stand: 20.03.2010, Abruf am 08.05.2013

Studien zum Weltwirtschaftsrang

Abruf unter:

http://www.imf.org/external/pubs/ft/weo/2013/01/weodata/index.aspx

(Stand: April 2013, Abruf am 05.05.2013)

T3N Artikel zu Bezahlinhalten bei YouTube

Abruf unter: http://t3n.de/news/youtube-startet-kostenpflichtige-463791/

(Stand: 30.01.2013, Abruf am 27.05.2013)

Übersicht Meistbesuchte Internetseiten der Welt

Abruf unter: http://www.alexa.com/topsites

(Stand: 27.05.2013, Abruf am 27.05.2013)

Übersicht YouTube

Abruf unter: http://de.wikipedia.org/wiki/YouTube

(Stand: 19.05.2013, Abruf am 27.05.2013)

Übersicht YouTube Traffic

Abruf unter: http://www.alexa.com/siteinfo/youtube.com

(Stand: 27.05.2013, Abruf am 27.05.2013)

Urteil Werbung Wikipedia

Abruf unter: http://openjur.de/u/498482.html

(Stand: 03.06.2012, Abruf am 18.06.2013)

Verteidigungspolitische Richtlinien 2011:

Nationale Interessen wahren – Internationale Verantwortung übernehmen – Sicherheit gemeinsam gestalten,

Abruf unter: http://trimr.de/18qf

(Stand: 18.04.2011, Abruf am 16.05.2013)

Videoreportage U-Boot der Bundeswehr bei YouTube

Abruf unter: http://www.youtube.com/watch?v=HtFsY6Ad0wI

(Stand: 10.05.2013, Abruf am 27.05.2013)

Volkswagen-Karriereseite

Abruf unter: http://www.volkswagen-karriere.de/de.html

(Stand: 18.04.2013, abgerufen am 08.05.2013)

Vollmers, F. (2011):

Die Qual der Wahl, Das richtige Studienfach, in: faz.net,

13.08.2011,

Abruf unter: http://www.faz.net/aktuell/beruf-chance/campus/das-richtige-studienfach-die-qual-der-wahl-11113526.html

(Stand: 13.08.2011, Abruf am 27.05.2013)

What is Web 2.0 – by Tim O'Reilly

Abruf unter: http://oreilly.com/web2/archive/what-is-web-20.html

(Stand 30.09.2005, abgerufen am 15.05.2013)

Werbung auf Google - Adwords

Abruf unter:

https://accounts.google.com/ServiceLogin?service=adwords&continue=https://ad words.google.com/um/gaiaauth?apt%3DNone%26ltmpl%3Djfk&hl=de_DE&ltm pl=jfk&passive=86400&skipvpage=true&sacu=1&sarp=1

(Stand: 2013, Abruf am 21.05.2013)

WolframAlpha Nutzerdaten

Abruf   unter: http://www.netzwelt.de/news/95749_2-wolframalpha-facebook-nutzerdaten-statistiklupe.html (Stand: Mai 2013, Abruf am 29.05.2013)

XING

Abruf unter: https://www.xing.com/

(Stand: April 2013, Abruf am 29.05.2013)

Xing Zwecke

Abruf unter:

http://www.rumohr.de/blog/2013/umfrage-zu-welchem-zweck-erachten-sie-xing-als-nutzlich/

(Stand: 29.05.2013, Abruf am 29.05.2013)